出版研究新视野译丛 | 金鑫荣 主编

学术图书的未来

〔英〕丽贝卡·E.莱昂斯 萨曼莎·J.雷纳 编著

徐楠 译

Rebecca E. Lyons
Samantha J. Rayner

THE
ACADEMIC
BOOK
OF
THE
FUTURE

南京大学出版社

THE ACADEMIC BOOK OF THE FUTURE
Selection, Introduction and editorial matter copyright © Rebecca E. Lyons andSamantha J. Rayner, 2016.
Individual chapters copyright © the contributors, 2016.
Original edition first published 2016 byPALGRAVE MACMILLANunder a Creative Commons Attribution4.0 International License.
Simplified Chinese Edition Copyright © 2024 by NJUP

图书在版编目(CIP)数据

学术图书的未来 /(英)丽贝卡·E.莱昂斯,(英)萨曼莎·J.雷纳编著;徐楠译. — 南京:南京大学出版社,2024.6
(出版研究新视野译丛 / 金鑫荣主编)
书名原文:The Academic Book of the Future
ISBN 978-7-305-24804-7

Ⅰ.①学… Ⅱ.①丽… ②萨… ③徐… Ⅲ.①科学研究工作-出版物-图书出版-研究 Ⅳ.①G237

中国版本图书馆 CIP 数据核字(2021)第 166164 号

出版发行	南京大学出版社
社　　址	南京市汉口路 22 号　邮　编　210093
译　丛　名	出版研究新视野译丛
译丛主编	金鑫荣
	XUESHU TUSHU DE WEILAI
书　　名	学术图书的未来
编 著 者	[英]丽贝卡·E.莱昂斯　[英]萨曼莎·J.雷纳
译　　者	徐　楠
责任编辑	刘慧宁
照　　排	南京紫藤制版印务中心
印　　刷	江苏凤凰通达印刷有限公司
开　　本	718 mm×1000 mm　1/16　印张 10.5　字数 128 千
版　　次	2024 年 6 月第 1 版　2024 年 6 月第 1 次印刷
ISBN	978-7-305-24804-7
定　　价	50.00 元
网　　址	http://www.njupco.com
官方微博	http://weibo.com/njupco
官方微信	njupress
销售咨询	(025)83594756

* 版权所有,侵权必究
* 凡购买南大版图书,如有印装质量问题,请与所购图书销售部门联系调换

"出版研究新视野译丛"序

邬书林

出版史,在一定意义上也是人类的文明史。俄罗斯文豪赫尔岑有一段精彩的论述,他说"书是和人类一起成长起来的,一切震撼智慧的学说,一切打动心灵的热情,都在书里结晶成形;在书本中记述了人类狂激生活的宏大规模的自白,记述了叫作世界史的宏伟自传"。自文字的诞生起,出版作为传播知识、传播文明的工具,为人类文明的演进和发展做出了不可磨灭的贡献。中国的造纸术和活字印刷术的发明,极大地融汇、促进了中西方的文化交流;而西方伴随着文艺复兴的革故鼎新,尤其是工业革命以来日新月异的科技发展,给人类带来了翻天覆地的产业变革,使得出版业成为近现代产业体系中的重要一极。

因出版产业而起的出版研究(出版专业)是一个古典与现代并存的研究领域,发展至今,俨然已经成为一门新的学科,"出版学"的概念呼之欲出。道理就在于,不管是人类思想史、文明史的研究,还是现代的学科分类研究,都离不开对出版学(专业)的独立、深入的研究,出版学(专业)研究已经成为现代人文科学和社会科学研究中的重要"构件"。中国古代先贤倡导士大夫"立功、立德、立言""三不朽",宋代大儒张载提出的"为天地立心,为生民立命,为往圣继绝学,为万世开太平"影响深远,而这一切都离不开对出版的倚重。近代中国积贫积弱、瓜分豆剖,面临"三千年来未有之变局"(梁启超语),为了中华民族的复兴,一代知识分子提出要"睁眼看世界",主要也是通过翻译、引进西方有关科学、民主和先进科学技术的系列出版物而达到"欧风东渐"的目的;而"五四"新文化运动中,中国先进知识分子也是通过引进西方"德先生""赛先生"方面的书籍来达到打破旧世界、建设新世界的目的。因此可以说,从古到今,出版起到了普及教育、"开启民智"、汰旧立新的重要作用。就出版的时代重要性而言,近现代中国知识界对出版的重视已经超越了对出版本身"工具理性"的实践认同,更加强了对出版业本身所附有的文化意义和时代意义的探索。

经过中华人民共和国建立70多年,特别是改革开放40多年的快速发展,中国出版业已经彻底摆脱了改革开放之前图书短缺的局面。现在每年出版40多万种图书,其中新书20余万种,极大地满足了社会大众的阅读需求。就出版物的数量来说,我们的出版物种类繁多,发行数量巨大,已经成为名副其实的出版大国。但同时我们也要清醒地认识到,与西方老牌出版大国、强国相比,我们还有很大的增长空间。当前,信息技术的革命性进步为我们提高出版水平提供了机遇。人工智能、大数据、区块链的应用使出版的理念、管理方式、载体形式、传播方式、运作流程、服务方式都发生了巨大变化。我们可以在一个平台上,用开放、协同、融合的理念,用新技术推进出版的繁荣发展。

与此同时,要建构具有中国特色的学术体系、学科体系、话语体系,增强中国文化的国际传播力,则需要我们深刻认识出版规律，加快提高出版水平，更好地发挥出版服务政治、经济、科技、文化、教育和提高国民素质的功能。为此，一方面，我们要不断地修炼内功，加强理论研究，建立服务出版、繁荣发展的出版学科体系；另一方面，我们要不断地借鉴世界各国出版的经验，从出版文明的交流、互鉴中，汲取营养，起到"他山之石，可以攻玉"的作用。

出版作为实践性强、实操性居多的学科专业，缺乏系统的理论建构，也缺少"宏大"的理论叙事，更多的是具体出版实践中一些心得、体悟和经验，因此中西方出版从业者的很多同质性问题，值得大家相互借鉴、探讨。这套"出版研究新视野译丛"，顾名思义，是为出版专业的学生或出版同业者提供新视野、新体验的书，所论述的问题涉及学术图书的未来、知识过载时代的阅读、装帧设计对读者阅读心理的影响、书籍各个"构件"的故事等，作者大多是出版研究者和身处出版一线的编辑，阐述的都是近年来出版者在日常工作中会遇到的现实问题和解决方案，这些对出版专业学生和出版工作者来说，具有很好的启迪作用和参考价值，因此我乐于推荐。

是为序。

2023 年 11 月 12 日

出版说明

出版编辑理论植根于古往今来的出版编辑实践。现代出版编辑理论在发展的基础上得到延伸和拓展,大数据、云计算、区块链等技术极大地扩展了出版编辑理论的研究空间,互联网、数字化、融合出版则对传统的出版编辑理论提出了新的挑战。如何在技术与理论、传统与现代的交互发展中探索现代出版编辑理论的诸多核心要素,是出版编辑理论研究中需要关注的问题。同时,在高校出版编辑学的教学研究过程中,出版的具体实践始终是教学过程重点关注的环节。没有编辑实践的出版教学,就会"头重脚轻根底浅",易发蹈虚之言,好作虚妄之论。这也正是教育部颁布的出版学教学纲要中,特别要求具有出版实践经验的行业导师加持的原因。出版学发展至今还是"非主流"学科,学科设置一般挂靠于新闻传播学、信息管理学或文学的门墙之下,学科的主体性有待加强。因此,出版编辑理论尤其需要实操性比较强的理论和实践阐述,不断充实、加强当代的出版编辑研究,研究诸如出版类别的时代演变、出版内容的海量呈现、出版形式的多元拓展、出版受众的需求变化、编辑素养的综合提升等相关问题。

信息化时代,中西方的现代出版编辑理论和实践构筑不了"小院深墙",国际化的出版交流日趋常态化。中国作为发展蒸蒸日上的出版大国,在世界出版版图中占据越来越重要的地位。特别是随着文化"走出去"国家战略的实施,许多优秀的出版社成为中华优秀文化走出去的"前哨站"和"桥头堡"。这对我们培养的出版人才也提出了更高的要求,需要他们具有宏阔的国际视野和多元的文化视角,在中外出版编辑理论的互鉴互融中得到能力的提升。为此,我们组织翻译了这套"出版研究新视野译丛"。说它"新",一是研究的题材新,"译丛"提出了一些新的探索、新的见解,如对学术图书的未来、知识过载问题的探讨,对"叛逆"的编辑解读,等等;二是出版时间新,遴选的是近十年中才出版的专业著作。作者既有著名大学的出版专家,还有著名出版社的资深编辑,这使得"译丛"阐述的问题兼具理论性和实践性、普遍性和专业性。

特别感谢施敏的协调统筹。对徐楠、卢文婷、邵逸、王苇等译者也一并致谢。

译丛主编 金鑫荣

2023 年 11 月 18 日

目 录

i		致谢
iii		作者简介
vii		引言：学术图书的未来
		丽贝卡·E.莱昂斯　萨曼莎·J.雷纳

001	第一部分	学术界
003	1	学术图书：社会嵌入式传媒工艺品/汤姆·莫尔
011	2	便携式图书/迈克尔·皮德
017	3	不可能集群的可能性：实践研究/萨拉·巴罗

025	第二部分	出版业
027	4	学术出版的未来与打破界限的需求/珍妮·麦考尔　艾米·伯克-韦特
035	5	未来的学术"图书"及其功能/弗朗西丝·平特
043	6	大学出版社与学术出版的未来/安东尼·康德

055	第三部分	图书馆
057	7	国家图书馆与未来的学术图书/马娅·马里赛维克
067	8	图书馆人的战略性参与/尼尔·史密斯
077	9	学术图书馆与学术图书：文化延续的载体与文化变革的媒介/凯特·普赖斯

087		第四部分	销售链
089		10	贩卖文字：图书销售的经济史/亚基·霍克
099		11	学术图书的未来：书商扮演的角色/彼得·莱克
105		12	回到未来：校园书店的作用/克雷格·达兹
113		参考文献	
129		扩展阅读	
135		索引	

致　谢

本书的面世有赖于13位作者的辛勤付出与热忱奉献。让我们将这一切首先归功于他们。作者们在那些不现实的截稿日期前按时完成了稿件——更重要的是，注入了他们对于本书以及整个项目的理解与支持，作为成果的本书文采斐然、不乏趣味。他们撰写的篇目饱含诚恳的态度、丰富的经验、专业的知识，发人深省，意义深远。我们为此向他们表达深深的谢意。

其次，我想感谢帕尔格雷夫·麦克米伦出版社（Palgrave Macmillan）。"帕尔格雷夫·核心"（Palgrave Pivot）书系是一场冒险，负责团队始终全力支持我们的工作。感谢他们愿意提供我们尝试的机会，与我们积极沟通，促使本书落实，并最终迎来专业化的成果——一部名副其实的学术书。我们经历了严格的评审过程，没有省略任何环节，所有人在不分昼夜地工作，以期此书能够在学术图书周出版。我们还想特别感谢珍·麦考尔（Jen McCall），她简直是个奇迹！也感谢市场营销部门的劳伦·佩蒂弗（Lauren Pettifer）、编辑阿普丽尔·詹姆斯（April James）、托马斯·勒内（Tomas René），以及菲莉帕·格兰德（Philippa Grand）、凯特琳·科尼什（Caitlin Cornish）、凯瑟琳·内尔森（Katharine Nelson）在第一时间联系我们的项目团队，并提出"一周一书"这个最初的想法！

我们也不会忘记印刷发行第一批图书时获得的帮助。谢谢来自英格拉姆闪电印刷公司（Ingram Lightning Source）的大卫·泰勒（David Taylor）、安德鲁·布罗姆利（Andrew Bromley）及其同仁——你们的参与对于这个项目来说无比重要！

我最后要感谢的人代表着学术图书的未来：我们的助理研究员丽贝卡·E. 莱昂斯，她对本书的付出可能胜过我们所有人。她负责管理整个项目的流程，直至书稿提交给出版社；她与所有相关人员保持着高效的沟通（也保持着好脾气），编辑技能卓越；在各项事务中体现出绝佳的多任务处理能力。拥有出版学背景的她即将完成自己的博士学位论文，在她身上，我们看到了学术的未来，前景可观。谢谢你贝克斯[①]，感谢你所做的一切！

我们何其有幸能与以上同仁共事，他们不吝自己宝贵的时间，分享经验与观点。虽然这个项目所探索的领域充满了各种疑虑，但我们仍然看到了大量体现积极协作精神的创新思想。因此，能够参与这场有关学术出版未来的对话，并将之出版成册，我们感到激动不已，万分自豪。

萨曼莎·J. 雷纳
2015 年 9 月

[①] Bex, Rebecca 的昵称。——译注

作者简介

萨拉·巴罗（Sarah Barrow），林肯大学（University of Lincoln）电影传媒学院院长：作为一名研究媒体与电影的学者，萨拉以往的著作都是以更"传统"的形式出版。她一直十分珍惜与电影制片人、从事表演艺术的同僚或学生合作的机会。她在所著文章中讨论的内容同样是电影制作、影视教育、活动管理方面的经验之谈。她自2011年起参与林肯大学数字文化频率艺术节（Frequency Festival of Digital Cultures）的策划。2014年，她与他人共同举办了名为"不可能集群"（The Impossible Constellation）的实践研究（Practice as Research）论坛。

艾米·伯克-韦特（Amy Bourke-Waite），帕尔格雷夫·麦克米伦出版社高级公关经理：艾米是帕尔格雷夫·麦克米伦以及自然出版集团（Nature Publishing Group）公关团队的一员，两者都是新近合并的出版公司施普林格·自然（Springer Nature）的品牌。重组后的施普林格·自然出版集团是科技、学术、专业以及教育出版领域的一支主力军。艾米自2013年初期开始参与麦克米伦的开放获取专著项目，对开放获取图书模式如何在市场挑战中自我进化有着浓厚的兴趣，也十分乐于见证学者们对于开放获取的看法是如何随着时间变化的。

安东尼·康德（Anthony Cond），利物浦大学出版社（Liverpool University Press）社长：利物浦大学出版社在2015年获得了由独立出版商同业公会（Independent Publishers Guild）冠名的"法兰克福书展年度学术专业出版商"（Frankfurt Book Fair Academic and Professional Publisher）称号，以及"《书商》年度独立学术教育专业出版社"（*Bookseller* Independent Academic, Educational and Professional Publisher）称号。安东尼还是学术与专业学会出版商协会（Association of Learned and Professional Society Publishers）的主席，利物浦大学艺术学院名誉院士。

克雷格·达兹（Craig Dadds），坎特伯雷基督教会大学（Canterbury Christ Church University, CCCU）校园书店经理：克雷格自1998年起在坎特伯雷基督教会大学从事学术图书的销售工作，在那之前的十年间，他曾管理阿尔比恩书店（Albion Bookshop）的一家分店，阿尔比恩书店是英国东南部的一家连锁独立书店。

亚基·霍克（Jaki Hawker），布莱克维尔（Blackwell）爱丁堡分社学术出版经理：亚基在英国第二大学术书店积累了多年经验，对基于网络的数字文本开发、学术书籍销售以及教科书销售管理有着独到的见解。在竞争激烈的零售行业，一家成功的学术书店必须主动了解顾客及市场，认清形势，推动教学发展。

彼得·莱克（Peter Lake），约翰·史密斯集团（JS Group）业务拓展总监：彼得在图书出版及销售行业有三十多年的工作经验。身为出版人的他曾先后在培生集团（Pearson）、励德爱思唯尔集团（Reed Elsevier）、汤森路透集团（Thomson Reuters）工作，还担任过汤森路透旗下知名法律出版社斯威特与麦克斯维尔（Sweet & Maxwell）的首席执行官。在他任职于斯威特与麦克斯维尔出版社期间，公司的业务经历了从纸质书出版到在线数据库及服务提供的转变。除了英国以外，他也曾负责经营亚洲、欧洲、中东的出版业务。过去的四年里，他则在约翰·史密斯集团工作。该集团的业务主要分为两个领域：在校园内销售约翰·史密斯集团的图书，以及通过 Aspire 系统服务向政府和高校提供解决方案，为学生分配经费等资源。约翰·史密斯集团也在积极开发部署 Kortext 电子书平台。

马娅·马里赛维克（Maja Maricevic），大英图书馆高等教育部主任：马娅在大英图书馆主要负责与高等教育领域的战略协作及共同发展。任职期间，她主导了图书馆与艾伦·图灵研究院（Alan Turing Institute）的合作。艾伦·图灵研究院是英国新近成立的国家级数据科学研究机构，总部设在大英图书馆。此外，她还带领大英图书馆与英国最大的慕课（Massive Open Online Courses，MOOC）提供商未来学习公司（FutureLearn）合作，在数年间致力于拓展图书馆的研究生课程。她也促成了大英图书馆和艺术与人文研究理事会（Arts and Humanities Research Council，AHRC）的合作，最终实现了"学术图书的未来"（Academic Book of the Future）这一项目，并作为战略顾问委员会的一员积极参与其中。同时，她还是英国大学开放获取实施协会（Universities UK Open Access Implementation Group）成员、英国研究理事会（Research Councils UK，RCUK）顾问团成员，现正着重于开放研究数据协议的制订工作。

珍妮·麦考尔（Jenny McCall），帕尔格雷夫·麦克米伦出版社人文图书全球总监：珍妮是帕尔格雷夫·麦克米伦出版社人文编辑团队的主管，负责帕尔格雷夫旗下所有专著、选集、手册以及"帕尔格雷夫·核心"系列的出版工作，学科范围涵盖文学、历史、哲学、戏剧表演研究、文化传媒研究和电影研究。最近，她的工作重心是开发帕尔格雷夫的"人文计划"：http://www.palgrave.com/page/humanitiescampaign/

汤姆·莫尔（Tom Mole），爱丁堡大学（University of Edinburgh）英国文学高级讲师，图书史中心主任：汤姆编著有四本学术图书，其中包括《拜伦的浪漫之名》（*Byron's Romantic Celebrity*，2007）以及《图书史拓展读本》（*Broadview Reader in Book History*，2014）。他主管的图书史中心成立于 1995 年，旨在支持图书生产、传播、受众等方面的深入研究。他尤其关注图书史与传媒变革时间点之间的关联，认为理解这一点能够启发我们针对未来出版业的讨论。

迈克尔·皮德（Michael Pidd），谢菲尔德大学（University of Sheffield）人文研究学院数字中心主任：过去二十多年里，迈克尔一直从事着数字人文领域的开发管理及交付协作研究项目。他相信我们正处于转型时期，学术图书的传统生产消费环节面临着巨大的挑战。在他看来，理解未来的学术图书对于理解未来的学术话语至关重要。

弗朗西丝·平特（Frances Pinter），曼彻斯特大学出版社（Manchester University Press）首席执行官，知识解锁项目（Knowledge Unlatched）创始人：弗朗西丝是一位具有几十年从业经验的学术图书出版人，负责过数千本专著的出版。她也为开放协会基金（Open Society Foundation）工作，见证了全世界读者对于获取学术图书的渴望。

凯特·普赖斯（Kate Price），伦敦大学国王学院（King's College London）副院长（主要负责馆藏及研究支持工作）：凯特负责校内各类活动的战略性管理，包括为研究机构出版开放获取图书、有效管理研究数据提供支持；及时采购及归档所有形式的图书馆资源并控制成本；管理保存在国王学院内部的国家级特殊馆藏及档案。她目前还是英国期刊协会（The UK Serials Group, UKSG）的主席，该组织旨在在知识群体中建立联结，鼓励学术交流与思想碰撞。她与弗吉尼亚·哈弗格尔（Virginia Havergal）联名编写了《图书馆里的电子书：实用指南》（*E-books in Libraries: A Practical Guide*）一书，该书由法西特出版社（Facet）于2011年2月出版。

尼尔·史密斯（Neil Smyth），诺丁汉大学（University of Nottingham）艺术学院高级图书馆员：在此之前，尼尔是该校艺术学院院长。在霍尔沃德图书馆（Hallward Library）任职期间，他负责与艺术学院的高层一起制定图书馆服务的战略方针。他对于学术图书的见解主要来自高校图书馆的工作经验。在那里，他终日被学术图书环绕，更重要的是，他得以与此类图书的作者或未来作者进行交流。

引言：学术图书的未来

丽贝卡·E. 莱昂斯

萨曼莎·J. 雷纳

  2014年初，英国艺术与人文研究理事会与大英图书馆共同创立了"学术图书的未来"项目，并着手招募管理团队。项目的宗旨是"在开放获取出版以及数字化革命的背景下探讨学术图书的未来"①。我们的团队②以双管齐下的方案脱颖而出。我们凭借研究信息网络公司（Research Information Network）及迈克尔·朱布

---

 ① 参见 http://www.ahrc.ac.uk/funding/opportunities/current/academicbookofthe-future/，accessed 6 September 2015。

 ② 项目团队包括萨曼莎·J. 雷纳博士［伦敦大学学院（University College London）出版中心首席研究员］、尼克·康提（Nick Canty，伦敦大学学院出版中心联席研究员）、玛丽琳·迪根教授（Marilyn Deegan，伦敦大学国王学院数字人文系联席研究员）、西蒙·坦纳（Simon Tanner，伦敦大学国王学院数字人文系联席研究员）、丽贝卡·E. 莱昂斯（伦敦大学学院助理研究员）。

(Michael Jubb)博士①提供的专业服务策划了一系列涉猎广泛的焦点小组会谈,收集研究问题②的反馈,同时团队的核心成员也咨询了与学术出版相关的行业社群,试图通过更详尽的委托研究、座谈会、学术会议收集反馈。在项目中期,学术图书周(2015年11月9—16日)③将通过为期一周的活动展示项目的重点成果,其间还会有其他特别活动,比如发布你正在阅读的这本书。

图书是多么重要的存在。它们饱含知识,而正如我们常说的,知识就是力量。千百年来,文字的生产曾受到政府、宗教团体的控制(在某些地方仍旧如此),也不断有人起身反抗,为其更广泛的传播做斗争。图书也是**真正**的存在:它们是容器、熔炉、战场。它们能够教导、指引、启发、抚慰、鼓舞人们。它们既可以是实体,也可以以数字化的形式出现。定义一本书,或是定义其可能性是极具挑战性的:它们以各种形态存在,总能找到新的方式重塑自身。我们的项目将尝试绘制这些形态的地图,研究可供作者选择的多样性有着怎样的优势,关注这些选择会带来哪些制作、发行、使用、保存上的难题。

英国的学术图书有隶属于研究卓越框架(Research Excellence Framework, REF)的通行标准,该框架是英国衡量学术研究质量的系统。因此,我们有必要了解学术出版的整体版图。考虑到学术交流是在全球化的层面上进行的,不同的国家有(或没有)不同的国标衡量系统,各种实体或数字图书也在以难以追踪的方式传播,项目

---

① 时任研究信息网络公司主管。——译注

② 参见 http://academicbookfuture.org/about-the-project/, accessed 6 September 2015。

③ 参见 http://acbookweek.com/, accessed 6 September 2015。

团队的共识是制图师能在地图上留下的最深痕迹仅仅是关键图景特征的记录与分析。我们由衷地感谢与学术出版事业相关的各个机构愿意合作,他们总是不忘汲取彼此的经验,互相交流学习。

这本你正捧在手中或是在屏幕上阅读的小册子凝聚着我们为学术图书所做的一切——包括过去、现在、未来的所有学术图书。书中的作者们与帕尔格雷夫出版社、"学术图书的未来"项目团队的同仁携手创作,见证了各式各样非凡的人才、经历、创意、反思在组成此书背景的行业内各界人士之间建立起深刻的联系。

关于本书

2015 年 3 月,我们与帕尔格雷夫·麦克米伦出版社接洽,决定为学术图书周出版一本书,并放入"帕尔格雷夫·核心"系列中。最初的设想是在一周之内制作出一本书,后来改为在短时间内完成组稿、生产及发行流程的尝试,出版一本"帕尔格雷夫·核心"图书。① 初步选定的作者来自项目的四个主要关联领域:出版业、图书馆、学术界、销售链。项目团队向帕尔格雷夫出版社提交了选题策划以进行评审。2015 年 7 月末,具体作者与其撰写的相应篇目陆续确定。选题评审结果也恰好在初稿截止日前出炉,2015 年 8 月末,所有作者完成了他们的篇章。编辑审读工作由丽贝卡·E. 莱昂斯、萨曼莎·J. 雷纳以及帕尔格雷夫出版社的珍·麦考尔负责,稿件在一周后返还给作者修改。此书的出版离不开 13 位作者的辛勤付出,他们严格遵守截稿日期,令组稿、编辑、评审等关键环节得以尽快完成。

---

① 参见本书中珍妮·麦考尔与艾米·伯克-韦特所著第四章"学术出版的未来与打破界限的需求"。

本书以图书史学家的观点开篇再合适不过：若想要探寻未来，便不可忽视过去。爱丁堡大学英国文学高级讲师兼图书史中心主任汤姆·莫尔博士认为，无论未来的图书是何种形态，它们最重要的本质仍是"为人类文明做出变革性的贡献"（第10页）。数字科技展现了研究传播上的全新可能性，但同时也有可能干扰读者对于文本的沉浸与理解。莫尔提醒我们，纸质卷宗也有其益处，并且"需要确保纸质学术卷宗最有价值的属性能完整地迁移到新型媒体环境中"（第10页）。

第二篇文章带领我们从过去来到了想象中的未来。在其充满讽喻的反乌托邦构想中，谢菲尔德大学人文研究学院数字中心主任迈克尔·皮德为我们描绘了未来便携式图书的模样：能将数据投射到眼睑下方的智能镜片，可"打开互动式电子书页"的联网芯片能够植入我们的手掌，还有数据投影手套（第12页）。在这样的新时代里，学术图书的嵌入式媒体交互水平可以达到极致，功能全面，使用方便。不过其中最伟大的发明莫过于"互联思想"这一概念。图书、文章以及其他研究成果将失去它们原有的特性，因为有关某一话题的想法能够在"所有书面语言"中自动"定位、检索、整合"（第13页）。"点赞"与"点踩"标记以及"评论"功能将替代传统的同行评议流程，人们不再需要提交审核彼此的著作。然而，这样的未来景象是否尽如人意？

林肯大学电影传媒学院院长萨拉·巴罗将学术话题下的讨论转向有关实践研究的挑战性问题，从与纯文本成果无关的研究角度看待未来的学术图书。巴罗反对过分执着于文本，将其置于其他形式的研究成果之上，意图打破理论与实践之间的高墙，并指出视频论述（video essay）这一形式极具潜力。她主张我们需要"认可其他研究方法、展示方式"——学术图书的未来应有"与众不同"的可能性(第18页)。她继而强调我们只有在政策及评估工作方面进行改革才能实现这一愿景。

学者的需求已不同于以往,出版业的流程及产品也发生了改变。按需印刷的发展以及数字图书功能上的巨大革新为出版商提供了更广阔的施展空间,让他们得以在各类平台出版各种形式的电子书及其他数字内容,或是以较低的成本印刷少量的图书实现出版。这种变化与学者开展研究并撰写著作的新方式不谋而合。帕尔格雷夫·麦克米伦出版社人文图书全球总监珍妮·麦考尔与高级公关经理艾米·伯克-韦特在两人合著的文章中讨论了"帕尔格雷夫·核心"系列的模式及其在当代背景下的发展动力。

学术图书的功能与它的形式同样重要,曼彻斯特大学出版社首席执行官兼知识解锁项目创始人弗朗西丝·平特博士如此认为。搭建在学术图书周围的"脚手架"(第36页)——包括商业模式、供应链、大数据及数字工具——也需要我们的特别关注。进化后的学术图书将成为关键性的"知识基础设施"(第36页):由"人员、实践、技术、机构、产品及其内部关系网构成的生态系统"。① 跨领域性将不断加深,因为数字功能可供性不仅能够解决既有的问题,还会提出新的问题。因此电子书的交付与发现系统必须进一步提升,出版社也必须跟随时代的脚步。

利物浦大学出版社社长安东尼·康德的重点则是大学出版社与学术界密不可分的关系。大学出版社一般隶属于本校的图书馆、学校管理高层或是大学委员会,是"一面反映其所服务的学科与机构对经费、公共事业以及声誉的关注度的镜子"(第44页)。康德对

---

① Christine Borgman (2015) *Big Data*, *Little Data*, *No Data* (Boston: MIT Press), p. 33.

于大学出版社在新兴生态系统中的地位十分自信。开放获取和数字内容似乎是未来学术出版必不可少的组成部分,但康德认为关键仍在于"大学出版社的品牌威望及其严格的同行评议制度"(第49页),并可能更甚以往。学术图书的未来或许多变,但在康德看来,对于"权威性"(第49页)的需求不会改变。

大英图书馆高等教育部主任马娅·马里赛维克也赞同,尽管大环境基于数字化发展等因素产生了巨大改变,但国家图书馆、研究者、学术图书之间的紧密关系未受影响。不过,研究者的"阅读与信息搜集方式"(第60页)有所变化,谷歌甚至成为使用率最高的研究渠道。在这种情况下,国家图书馆的关键作用在于存储,而研究者的获取渠道是多样的。在学术出版之外,国家图书馆在保存其他数字馆藏方面的作用也愈加明显,例如非学术型电子书、在线报刊、开放式音视频馆藏、网页存档、数字化遗产存储等。马里赛维克进一步指出,与资助方、决策者、其他国家级图书馆之间强有力的联系以及勇于尝试全新合作方式的意愿也是大英图书馆所担当的重要角色的一部分,此次项目便是绝佳的例证。

诺丁汉大学艺术学院高级图书馆员尼尔·史密斯从大学图书馆的角度思考了学术图书未来可能面临的战略性问题与机遇。图书形式的可能性从纸质扩大至电子;学者与图书馆员的角色发生改变,两者之间的关系也随之变化;学术图书在研究卓越框架以及高校经费方面的重要性日益突显——以上这些问题都深深影响着大学图书馆的作用。史密斯还提出了以下问题:未来的人们如何整理并获取不在图书馆内的学术图书?学者与图书管理员如何进行有关学术出版的对话?在诸如研究卓越框架这样的系统中图书馆处于什么样的位置?图书馆如何为未来的学术作者——学生提供最大化的支持?

伦敦大学国王学院主要负责馆藏及研究支持工作的副院长凯特·普赖斯将目光放远，考察了学术界之外的学术图书。作为文化变革的媒介，学术图书的触及范围极其广泛，在传播思想内容的过程中，它们可以改变知识观念（比如达尔文），也可以影响文化立场。普赖斯提到了获取学术图书的社会及技术障碍、数字内容潜在的不稳定性（例如社交媒体的归档问题），以及未来图书馆可能扮演的角色。普赖斯视图书馆为文化延续性的载体，人们通过图书馆领略当下与过去的思想，以及联结两者的逻辑线索，她还探讨了开放获取的未来发展，那时的学术图书会"完全脱离图书馆藏的概念"（第80页）。

布莱克维尔爱丁堡分社的学术出版经理亚基·霍克则从供需方面探讨了学术图书的未来。"于我而言，"霍克写道，"未来学术图书的根本问题不是'它是什么样的？'而是'它是否能卖出去？'。"（第93页）未来的学术图书由消费者塑造，它们"是兼容并包的，能够通过不同平台、多种格式获取"（第94页）。鉴于开放获取、按需印刷以及学习平台的创新发展，学术出版的未来似乎充满了无限的可能性。或许的确如此。然而霍克也强调，学术图书的未来将由"市场创造、影响、实现"（第95页）。

约翰·史密斯集团业务拓展总监彼得·莱克的文章侧重于学术图书的某一具体类别：本科教材。以往这一类别的学术图书是学术出版社的主要业务所在，但由于高校的授课方式发生了天翻地覆的改变，对教材的需求逐渐下降，服务于此的出版社也随之做出了改变。如今的大学往往会自行制作材料，进而取代课本——包括慕课、在线讲座及其他数字资源。出版社也在提供新型服务，将"传统的教科书内容与自适应学习技术、嵌入式测试考核和作业功能、个人文件夹与记录簿以及协作型学习工具"（第98页）相结合。莱克的问题是:"如果校园书商无法继续销售大量教科书,未来应当如何转型?"(第98页)未来的图书销售代表或许会在"不同供应商、多种形式下的资源"(第99页)挖掘环节做贡献,开发维护数字内容平台,以及参与评析考核服务的提供。

坎特伯雷基督教会大学校园书店经理克雷格·达兹为我们描述了校园书店与人们的关系,及其在校园这个创作、阅读学术图书的环境中所处的位置。在达兹眼中,校园书店是高校文化生活、师生体验、大学系统内部多样机遇的关键所在。坎特伯雷基督教会大学内的一项问卷调查可以证明这一结论,该调查有100位学者参与。当被问到"校园内设立学术书店有何益处?"时,有的人将学术书店的重要性比作学术界与外界大众之间的桥梁,公开演讲、图书签售等活动起到的作用尤其瞩目。坎特伯雷基督教会大学的学者认为书店是可以在专业员工的帮助下定位前沿思想的地点。无论是否身处校园环境中,书店对人们来说都是"严谨治学与知识学习"(第105页)的象征。在这一章节里,书店是学术图书世界里的重要角色,不仅能够促进学术书的传播,还能够推动它们的创作,让它们惠及学术界外更广阔的领域。

更多讨论

这一基于实践的"帕尔格雷夫·核心"图书研究项目不仅让我们收获了经得起严格审阅制度考验的出版成果,还以多种方式实现了创新:横跨不同领域的作者,高效完成的篇目,有条不紊的工作流程,甚至连本书的封面都是投票选出的。但本书最重要的创新之处,也是真正令其与众不同的特点,是正在以及亟待进行的相关探讨。独立阅读其中的每一篇文章,不乏趣味、思想、深度;将之集结一体,新的角度也会陡然浮现:场景变换,视野开阔。

本书同样是未来更多讨论的平台,新的反响将继续影响这个项目,也有助于开启更大背景下的学术出版话题,例如政策与政府。

杰弗里·克洛斯科(Geoffrey Crossick)[①]教授在他的报告《专著与开放存取》(Monographs and Open Access)[②]的结尾提到,在与艺术人文及社会科学界交流的过程中,他总是被人们的积极性打动。他呼吁道:"这种交流应当持续下去,因为与大众交流才能收获良多,反之则不然。"这本(由纸质书和开放获取版本以及在制作过程中形成的附加文本组成的)"帕尔格雷夫·核心"图书便是真实的例证,这种交流正在通过艺术与人文研究理事会与大英图书馆合作的项目继续展开,并且不会仅限于此。学术图书的未来是合作,它就掌握在你们的手中。

[①] 伦敦大学高等研究院(School of Advanced Study, University of London)人文科学杰出教授。——译注

[②] G. Crossick (2014) *Monographs and Open Access: A Report to HEFCE*, http://www.hefce.ac.uk/media/hefce/content/pubs/indirreports/2015/Monographs-and-open-access/2014_monographs.pdf, accessed 20 August 2015, p. 70.

第一部分

学术界

第一部分

半木界

1 学术图书：
社会嵌入式传媒工艺品

汤姆·莫尔

摘要： 近代以来的学术图书一直以杰尔姆·麦根（Jerome McGann）①所说的"双螺旋感知编码"模式运作，即"语言编码……与图书编码"，将特定的话语种类与特定的物质形态相结合。然而如今的双螺旋开始解体为全新的转基因数字形式，迫使我们重新思考学术图书的意义。当下的媒体变革与研究经费及评估体系的改革、学者的智识议程（intellectual agenda）变化、开放获取面临的挑战密不可分。随着学科间的界限日渐模糊，学术成果越来越多样化，这些改变将深刻影响学术出版生命周期的每一个阶段。

---

① 美国弗吉尼亚大学（University of Virginia）英文系教授。——译注

关键词：博士论文；格式；晋升；聘任；评估；社会嵌入式传媒工艺品；图书史；学术界；学术卷宗；学术图书的未来；研究成果；专著资助

12　　近代以来以纸质卷宗形式存在的学术图书一直以杰尔姆·麦根所说的"双螺旋感知编码"模式运作，即"语言编码……与图书编码"①，将特定的话语种类与特定的物质形态相结合。然而如今的双螺旋开始解体为全新的转基因数字形式，迫使我们重新思考学术图书的意义。当下的媒体变革与研究经费及评估体系的改革、学者的智识议程变化、开放获取面临的挑战密不可分。随着学科间的界限日渐模糊，学术成果越来越多样化，这些改变将深刻影响学术出版生命周期的每一个阶段，从研究、协调、写作到出版、营销、阅读与保存，无论是专著、学术版（scholarly edition）②、论文集还是单单一篇创作记录都无法避免。为了应对学术出版的未来挑战，学者、图书馆员、出版人、资助委员会、创新技术人员、学术研究的消费者需要携手共进。

　　智力成果正以各种新兴形式出现，这不仅是由于学者试图重新确定传播思想的最佳媒介，也因为外界对作品的透明度、可衡量性提出了更高的需求。这般转变促使我们反思学术图书的本质。我们无意在新型技术的支持者与坚守现状的反对者之间划分界线，相反，我们需要进行的探讨应兼具历史思考与技术素养。我们应当期待未来学术出版的新型智力成果，也应当考虑哪些学术图书现有的

---

① Jerome McGann（1991）*The Textual Condition*（Princeton, NJ: Princeton University Press），p. 77.

② 按照学术要求编辑的、供学术研究使用的作品版本，一般附有较多参考书目。——译注

属性对于优秀的学术研究来说至关重要，值得保留。能够改变人文领域的作品具有变革性的持久价值，在思考它们如何在新兴媒体环境中成书、获得奖励或经费、传播、保存的同时，我们也应了解作为知识生活工艺品的纸质卷宗具有哪些优势与局限。图书史是从历史角度研究物质产品时期图书生产、流通与受众的学科，它将为我们的讨论提供不一样的思路。本文将通过学术图书的物质性、制度性、历史性定位来探讨当前变化的关键所在。

如今，卷宗形式的学术图书为艺术人文领域的研究者制造了各种限制：屏幕媒体学者无法在其内放置电影、电视节目、电脑游戏的片段；文化地理学家无法添加动态互动地图；艺术史学家及视觉文化研究者无法展示大量彩色图片；音乐学家无法将声音包含其中；研究大型数据集的人员无法将自己的结论与数据相结合；文本编辑学家无法囊括他们收集到的所有文献材料；从事创造性、表演性艺术研究的学者无法充分记录他们的实践内容。同时，评估及出版流程相当缓慢，想要在发表后修订内容也十分困难。因此，当学术图书不再（仅仅）以纸质卷宗形式出现时，新的产品理应克服以上诸多限制。这意味着未来的学术图书不能仅仅是纸质卷宗的补救方案——像现在的电子阅读器那样以数字形式复制纸质图书的阅读体验。

尽管纸质卷宗的缺陷越来越难以忽视，体制上的各类因素仍然迫使学者不断产出此类成果。十年以前，许多北美高校人文学科的终身教职并不要求撰有专著，现在却已成为常规，而其他以往要求专著的高校现在则是希望看到教授们的第二部作品。英国的评估框架往往也更加重视专著（并低估选编集和学术版）。专著在聘任和晋升过程中起到了决定性作用，致使无论处于职业生涯何种阶段的学者都不得不考虑将自己的作品以专著形式出版。① 与此同时，许多学术出版社正在减少专著的出版数量——尤其是在现代语言学等学科——甚至减少他们出版的学术专著的印刷数量。图书馆也在削减专著的购买量，这很大程度上是因为他们将大部分日益缩减的购买预算花在了捆绑销售的营利性科技期刊上。在这种情况下，我们需要扪心自问，学术图书的意义究竟是什么？

虽然存在诸多局限性，但专著之所以能成为许多人文学科的黄金标准，不是没有充分的理由。在成为我们智识生活的中心之前，学术图书也经历了一段悠久的历史。自12世纪大学系统的发展初期开始，卷宗的书页就已经融入学术界的体制之中，影响着相关人员的职业生涯。② 印刷技术的发明为文艺复兴时期人文领域的繁荣学术成果提供了助力，促进了学术界的变革。③ 正如查德·韦尔蒙（Chad Wellmon）④指出的，随着18世纪末纸质图书的大范围普及，现代研究型大学逐渐成了控制图书生产、传播、组织、存储的机构。⑤ 随后的19世纪，现代学科协会兴起，高等教育事业在20世纪的欧洲及北美不断扩张，专著成了最具价值的研究成果形式，并最终成了

---

① 参见美国现代语言协会（Modern Language Association，MLA）特别委员会针对未来学术出版发表的报告：http://www.mla.org/resources/documents/issues_scholarly_pub/repview_future_pub, accessed 10 September 2015。

② Bonnie Mak (2011) *How the Page Matters* (Toronto, ON: University of Toronto Press)。

③ Elizabeth Eisenstein (1980) *The Printing Press as an Agent of Change* (Cambridge: Cambridge University Press)。

④ 弗吉尼亚大学德国研究及传媒历史研究教授。——译注

⑤ Chad Wellmon (2015) *Organizing Enlightenment: Information Overload and the Invention of the Modern Research University* (Baltimore, MD: Johns Hopkins University Press)。

晋升高等教职的指标。在这样的背景下，专著代表了一位作者针对某一既定话题发表的决定性声明，这反映出较为长远的研究计划，通常需要几年时间完成，会覆盖相关领域的已有成果，象征着最高智识层次的不懈努力，并将为人类文明做出深远的贡献。

回顾学术专著的历史，我们会发现纸质卷宗是一种社会嵌入式的传媒工艺品。与印刷技术一样，其意义包含在它促进创立的体制与专业结构之中。① 为了确保学术图书的质量，同行评议等评估制度及其他附加价值应运而生，比如出版社的编辑、设计、排版、索引工作。这类体系保证了学术图书的权威性，因此必须在数字环境中保留或加以改善。学术图书已经成了能够决定认证、聘任、晋升、奖励结果的专业标准。虽然博士论文与正式出版物有所不同，但博士学位仍然与专著紧密挂钩：可以说博士课程就是教授如何撰写专著的过程。而专著又与市场和传播机构相关，这令其得以有效地触及受众。在这一点上，专著得益于各类组织机构与行业协会，比如大学内外的图书馆，它们为专著提供了存储空间和获取渠道。无论是当下还是未来的学术图书都嵌入在社会、专业、机构的结构中，从而成为有效的研究成果。改变学术图书的形式意味着在不改变这些结构作用的前提下进行系统化的变革。如果此刻的媒体改革是为了丰富增强人文学术成果而不是令其贬值，那么我们需要思考的是新形式会如何迫使我们改变现有的体制结构、培训认证方式、专业发展话语体系、研究活动模式，如何改变我们对于协作的理解以及

---

① Lucien Febvre and Henri-Jean Martin (1976) *The Coming of the Book: The Impact of Printing*, 1450–1850, trans. D. Gerard (New York: Verso); Adrian Johns (2000) *The Nature of the Book: Print and Knowledge in the Making* (Chicago: University of Chicago Press).

我们生产、传播、归档知识的方法。

未来学术图书的使用者并不一定都是人类。随着机器阅读、文本挖掘、在线"社交式批注"等类似模式的日渐成熟,学术图书需要针对新兴阅读技术进行优化,同时也会为包含非文字内容的图书带来特殊挑战。越来越多的人文领域研究者希望在"远距离"与"近距离"阅读模式之间跳转,学术图书也需要实现可缩放的阅读体验。[①] 我们必须确保今天设计出的学术图书格式能够在未来的长时间里通过尚未开发的工具查找、引用、阅读。未来学者的愿景不仅是以不同的形式写作,他们也会希望能以新的方式发现、研究、查询书籍。学术出版的未来需要经得起未来的考验。

我们可以阅读 600 年前的纸质书,但未来的学术图书或许不会有这么长的有效期。纸质卷宗将硬件(纸墨)与软件(语言思想)相结合,是有史以来最耐用的数据存储技术之一。电子格式则不同,其"内容"的可读性需要在由升级软件支持的新设备上实现。大多数纸质图书能够在自然状态下保存良好,只要温度与湿度合理,不过度暴露于光线与水气中,它们的可读性可以保持数百年。[②] 而电子格式通常会在短短几年后因为过时的硬件和软件失效。因此,我们有必要考虑谁来承担相应的责任与成本,确保数字格式下的学术图书及相关数据集能够长期获取及使用。这意味着教师、出版商、图书馆有必要重新分工。

[①] 可参见 Franco Moretti (2005) *Graphs, Maps, Trees: Abstract Models for a Literary History* (New York: Verso) and (2013) *Distant Reading* (New York: Verso)。

[②] 当然,在酸性纸上印刷的图书是例外,这种纸张会随着时间流逝变得破损易碎。

学术出版的未来已初具雏形,我们需要慎重应对来自各方面的忧虑:虽然数字媒体在一定程度上促进了研究发展,但也影响了智力成果的存续性。部分评论家从神经科学的角度看待阅读,提出一直以来作为人文学科黄金标准的大篇幅线性论述是否能在数字格式中保留、是否能在数字原生代(digital native)①中找到合适的读者等问题。② 有证据表明,至少在当代大学生看来,与在纸页上阅读相比,屏幕阅读带来的理解程度和记忆水平相对较低。③ 而具有人文价值的学术图书所要求的持续吸收性阅读方式或许更难以在屏幕上实现,尤其是在充满了无限干扰可能性的联网设备上。

学术图书最终将迎来政治问题。尤其在英国,像我一样受聘于学术机构的人们不得不加速自己的创作进程,面临更严苛的审阅制度,遵守不由我们决定的工作议程,选择能够在学界外产生直接且可观影响的项目进行研究。而学术专著与之相悖,这一形式需要长期的酝酿,要求反思目前的假设,无法兼容快速阅读或简单概括,力图包含深远的意义。未来的学术图书或许可以借助数字媒体的功能性让我们得以在确保质量的前提下加快工作流程。我们必须学会从优势中受益,而不是一味地接受管理层对加速生产的要求,也不应屈服于对于质量、价值、意义的多重需求,或是迷失在声音碎片和点击诱饵等无穷干扰组成的文化环境中。

艺术人文领域的学者们已经开始思考新兴媒介生态将如何改

---

① 从儿时起便使用网络和手机的人。——译注
② Nicholas Carr (2011) *The Shallows: What the Internet is Doing to Our Brains* (New York: Norton); Maryanne Wolf (2008) *Proust and the Squid: The Story and Science of the Reading Brain* (New York: HarperCollins).
③ Naomi Baron (2015) *Words Onscreen: The Fate of Reading in a Digital World* (Oxford: Oxford University Press).

变他们的作品。① 我们眼前的挑战是探索未来的学术图书如何继续为人类文明做出变革性的贡献。新形势下的长篇研究成果改变的可能不只是我们传播研究的方式，还有我们设想、生产它们的过程。艺术人文学科自身的创新发展以及来自外界的压力致使学术交流的形式发生变革，而这样的变革似乎与印刷技术的发明具有同等重要的意义。学术出版的未来与许多人息息相关。如果英国能够迈出领先的一步，将大大提升它在国际研究人才、学生招募、知识领袖市场的竞争力。与此同时，我们需要确保纸质学术卷宗最有价值的属性能完整地迁移到新型媒体环境中。如果我们能够正确理解未来图书的可能性，那么现在尚未书写甚至构思的学术图书便不再遥远。

---

① 可参见 Andrew Piper（2012）*Book Was There: Reading in Electronic Times*（Chicago：University of Chicago Press）；Matthew Kirschenbaum（2008）*Mechanisms: New Media and the Forensic Imagination*（Boston：MIT Press）；and Marilyn Deegan and Kathryn Sutherland（2009）*Transferred Illusions: Digital Technology and the Forms of Print*（London：Ashgate）。

2　便携式图书

迈克尔·皮德

摘要： 本章将带领读者探索一个反乌托邦的世界，在那里，科技覆盖了整个学术领域，掌控着撰写、阅读、引用、评估图书的所有方式。而这同样是对现状的讽喻：我们痴迷于数据、指标，质疑消费者技术（consumer technology）①，自知世界上的学术图书或许已经过剩。除此之外，本文也试图重申书籍作为思想载体的重要性。

关键词： 电子书；互联数据；技术；人文；数字人文；思想；同行评议；纸质书

---

①　指消费者为满足个人需求直接购买的技术，如智能手机等。——译注

19　　　无论从哪方面来说,2038 年的研究影响框架(Research Impact Framework,RIF)①的关注度都大不如前。作为英国大学学术研究影响力的自主审查体系,该框架运转困难、耗额巨大、吹毛求疵,渐渐远离了公众的视野,相比之下,2031 年的酒吧享受指数对于本科招生更具影响力。不过,研究影响框架一直是便携式学术图书的堡垒。对于展望过学术出版以及学术话语体系未来的人们来说,除非研究影响框架改变合格著作(或者说合格的影响力催化剂)的标准,便携式图书的地位将屹立不倒。由于研究影响框架是每学年招聘期晋升政策的重要考量因素,大部分学者仍在毫不迟疑地创作便携式图书。当然,评论家似乎都忘了研究影响框架的规则正是学者自己制定的,自古以来便是如此。

　　但也有人对便携式图书持有异议。他们的不满并不是针对书籍的"便携性"。当下获取学术内容的媒介多种多样,比如可将数据投射到眼睑下方的智能镜片、专供神经脆弱的人们欣赏的智能场面、(让人想起手术手套的)电子排版的数据投影手套(Data Projection Glove)——比苹果公司著名的 iGlove 产品更早上市。人们还可以在电视上获取学术内容(现在的电视都是联网的,尽管并不便携)。我们甚至能够随时打开互动式电子书页,因为联网芯片已经植入我们的手掌。所以,部分学者所警惕的不是图书的便携式媒介,而是内容上的"互联思想"以及评估思想的方式。

　　或许我们之中的许多人已很难回忆起 21 世纪 20 年代中期,互联思想是如何成为构建学术话语体系的主要技术模式的。它由蒂

---

① 作者模仿英国现有的研究框架杜撰而来,下文的酒吧享受指数以及各种新型电子产品皆为杜撰,不再一一注明。——译注

姆·伯纳斯-李（Tim Berners-Lee）[1]提出的互联数据（Linked Data）概念进化而来，即结构化的信息可以通过计算机加以识别检索，并与其他结构化信息以对用户来说更有意义的方式相结合。换言之，计算机可以**理解**信息。而互联思想最初仅仅指的是一系列用于结合互联数据的技术方法，后来逐渐用来指代大量信息动态互联的结果：思想就此形成。最终，学者的创作不再局限于（信息意义下的）研究数据，而是开始涵盖互联思维模式下的概念、理论、信仰、观点。

一种全新的图书种类继而出现。书籍不再是某一个体长篇大论的"一面之词"，而是在所有书面语言中自动定位、检索、整合有关眼前某一话题的想法。比如，当你在阅读施耐亨和布特门德所著的《布拉克内尔生活》[2]——一部探讨20世纪晚期布拉克内尔犯罪与贫困问题的著作时，你既会看到他们提出的布拉克内尔森林理事会的社会政策变化所受到的人为影响，也会看到分别来自纽曼、斯蒂尔、詹姆斯的异见。而且，纽曼认为只有电话服务中心的工作人员在布拉克内尔具有影响力的观点也会遭到霍伊的反驳，后者将展示温克菲尔德逃避办理电视牌照人数的可视化数据。这本书还会在适当处显示有用的提示，比如"赞同施耐亨的人也认为……"。读者将一路领略正反论辩的传统，如果已经足够了解眼前的思想，或是感到枯燥无味，可以随时阅读作者的下一个观点。

互联思想的出现意味着文章、专著、合著作品不再有任何区别。文本即文本。有关某一话题的学术讨论只有长短上的不同，而讨论的价值也取决于内容本身而不是篇幅长度。互联思想也令学术交

---

[1] 获得过2016年图灵奖的计算机科学家。——译注
[2] 布拉克内尔（Bracknell）为英国地名，下文的温克菲尔德（Winkfield）是其下属地区。此书名以及前后文的一系列作者及作品皆为虚构。——译注

流与研究数据（学术思想的论据基础）合为一体，以便读者考察他人的论据解读。21世纪早期，许多学者反对将学术图书置于与研究数据共存的数字领域，甚至不愿接受电子书。然而，开放内容的兴起、研究影响框架的设立、纸质学术图书出版社的消亡①加速了这场变革，而背后真正的动因则是"如果不是免费的我就不读"原则下的引用效应。

互联思想的优势在于精心设计的学术程序能够自动识别、检索、整合他人文本中的相关内容。此外，该程序还可以在收集文本的过程中进行改写，营造阅读单一作者专著一般的错觉，避免不同写作风格的矛盾。冗长乏味的文献综述已成为历史，未能使用互联思想构建作品的作者只会湮没其中。同时，作者还需要运用精心设计的学术工具辅助他们的工作。这些便捷的工具可以持续扫描作者的笔录，提出具体的写作建议，以使作者的思想能被标记识别。这类提示对正确标记学术作品起到了十分关键的作用。如果你感觉受到太多干扰，可以选择关闭它们，但那样做也会使你湮没在无数信息之中。负责展示便携式图书的大学图书馆不会接受没有互联思想的论文。

互联思想也在同行评议制度方面掀起了一场改革，并最终被研究影响框架采纳。学者们可以在互联思维模式下直接使用学术工具评价同行的作品。不过，所有的意见需要带有"点赞"或"点踩"的标志，以便研究影响框架统计（"踩赞指数"），因为真的读完一本书再做评价已经不切实际。在美国这样由教职系统驱动学术出版的国家，收获1 200个"赞"才能获得终身教职，虽然这些"赞"可以分布

---

① 为了能在虚拟现实小说与"新小说"现象的潮流中获利，大多数出版社都已与超级传媒公司合并。

在不同的思想上,而如果某一思想获得800个"赞",则会晋升为事实,并有资格被维基百科收录。由于每一个"赞"都必须附有针对某学者思想的完整批评意见,而这样的意见又会被其他同行"踩赞",计算机科学部门不得不花费大量精力讨论计数算法上的细枝末节,他们为此发表的文章却无人问津。除此之外,收到过多"踩"的思想将被自动降级。也就是说,不受欢迎的思想很难在便携式图书上看到。

便携式图书与互联思想起源于排斥冗长论述的科学领域,并顺应流行小说的变革进一步发展。纸质书是古董,是图书史学家的研究对象,制作成印刷品或电子书的新书只能被当作圣诞节或父亲节的创意礼物。所有有价值的纸质书早已被数字化,融入了互联思想的世界。

然而,人文领域发出了不同的声音,约克郡某大学甚至向2038年度的研究影响框架提交了本校历史学教授奥黛丽·查德[①]的纸质专著。专著的主题并不瞩目。框架小组成员也不确定是否应当取消这本书的入选资格,不确定他们是否应当阅读或收录此书。他们询问查德是否愿意将图书数字化并重新提交,却被她拒绝,连电子书也不在她的考虑范围内。

正如她事后所说的:"在便携式图书的桎梏下工作可能会让人感到徒劳,竞争性的学术言论是互联思想的资本,可它们会持续骚扰你的耳朵,时刻提醒你自己的想法并不是一座孤岛。"[②]

在查德看来,有时候在不受他人观点干扰的情况下阅读一部有

[①] 应为虚构人物,下文脚注中的文献出处也为虚构。——译注
[②] Audrey Chad (2039) 'Towards a Manifesto for Print Humanities'. In Tap and Spile (eds). *Proceedings of the Northern Powerhouse*. Yorkshire. 点击此处可下载智能镜片、智能场面、iGlove以及电视格式的文献。

思想的长篇作品也是有意义的,人们可以只听一种声音讲述一个人的想法,无论它们是否能够改变世界。她认为,这便是过去纸质专著的价值。查德进一步指出,脚注和主要文献的引用出处可能已经足矣,不必将某人的言论与到处触发的论据混作一团。"就让它们留在库房里吧!#叫停数据#"是她的名言。

查德的作品未对研究影响框架造成任何影响,但的确开启了学术交流的新方式,促进了纸质人文的发展。人们发现通过非数字方法可以从不同的角度回答现有的研究问题,也有助于提出数字技术无法触及的全新研究问题,比如,缓慢细致的写作过程可以成为思考的工具。最关键的是,纸质人文能够助力学者挑战如今被社会学家戏称为"知识精英"的阶层:程序员、设计师、工程师等了解知识技术如何运作的群体,他们的反面则是学者等直接使用技术获取知识的消费者。21世纪初期,向知识精英转型的先驱者是科技公司,而最终人文学科的学者都需要变身技术专家才能进行研究和发表成果。从电子书毫无必要地升级为过于复杂的超文本"旅程"开始,技术人员逐渐掌握了学术的话语权。

目前,纸质人文的交流方式已然是人文研究中重要可观的一部分。参与其中的成员有着自己的宣言。我们每隔几天就会看到招聘纸质人文教授的广告,下一年度的研究影响框架有望明确允许收录纸质专著,这将大大推动纸质图书进入学术话语生态系统的进程。纸质图书的未来可能是颠覆性的,有些学者宣称它们会持续发展,有些则认为只是昙花一现。一些同仁甚至认为纸质人文应被视为一门新学科。但我们可以确定的是,未来的便携式图书与互联思想不再是畅通无阻的。这样一来,众多利益相关者——学者、图书馆员、技术人员、眼镜商需要联合探索未来学术出版的可能性。

3 不可能集群的可能性：实践研究[①]

萨拉·巴罗

摘要：本章主要关注实践研究的特点、价值与争议，主张将实践研究方法及成果与"学术图书"等传统人文学者惯用的模式视如等同。实际上，本文促使我们重新思考人们对于实体图书制品的执着，又为何将其视为学术出版物的最佳范式，并提出探索其他更适合数字时代的模式，推动它们的发展，尝试打破理论与实践之间的界限。文章的末尾将重点讨论视频展示，这一形式或许能为媒体与电影研究带来改变。

[①] 实践研究也被称为实践向研究（Practice-Led Research）与/或艺术研究（Artistic Research）。以上术语并不完全等同，但它们承担了共同的使命——"用行动创造知识或哲学成果"。有关广义的理论与研究范式下的创意实践，参见 E. Barrett and B. Bolt (eds.) (2007) *Practice as Research: Approaches to Creative Arts Enquiry* (London: I.B. Tauris), p. 5.

关键词：非文本研究成果；理论与实践；实践研究；视频展示；文本执着

对于从事批评研究、创意制作或两者兼顾的创新艺术领域学者来说，"学术图书"这一概念的困境在于"书"这个词语本身几乎只会让人联想到将纸墨羊皮或其他材料单侧装订，构成充满文字或图画的印刷品的画面。然而现在的我们正处于技术创新的时代，资助方、机构、学生以及我们自己的内心都鼓励进行更具创意的构思与创作，探索跨越传统学科的界限，出版与传播思想的新方式也理应成为常态。这种立场并非试图削弱实体"图书"的巨大价值，或摒弃其出版过程中的严格评审制度，而是期望人们能够认可其他研究方法、展示方式，重视跨学科的协作，理解高质量的学术研究可能会产生"与众不同"的成果。

本文将重点介绍一种研究出版的新方式，尽管部分习惯了传统模式的人士仍对此抱有质疑，但这种方式在创意艺术领域的意义已经越来越重要。尤其在过去20年里，这种常被称为"实践研究"的方法引起了极大的关注与争议，在英国内外涌现了大量的相关文献、专业学科组织以及资助调研。人们还举办了一系列活动，尝试汇聚所谓传统学者与实践型研究者共同探索研究方式与出版形式的可接受范围。[①] 以往的艺术家学者与艺术院校一直被视为各自独立的存在，而这种新型研究方式是随着艺术学科职位、专业、院系甚至大学的成立诞生的。因此，我们有必要区分"实践研究"与（无论是艺术还是工业背景下的）专业实践，后者显然缺乏研究元素。比如在

[①] 有关这一主题的文献可参考内尔森（Nelson）以及巴雷特（Barret）与博尔特（Bolt）的选集，其中大部分文章关注的是表演与美术，虽然许多概念、问题以及方法都可以嫁接至传媒学中，但我认为人们对于传媒工业专业实践在学术研究议程中的作用仍然理解不足。（具体文献请参考上下文脚注。——译注）

丹尼斯·内尔森（Denis Nelson）看来，"实践研究指的是以实践为关键研究方法的研究项目，而艺术领域将实践（创意写作、舞蹈、乐谱/表演、戏剧/演出、视觉展示、电影或其他文化实践）作为研究问题的重要论据"①。这是一种"实践中的知行合一"，重点在于洞察力以及方法上的严谨性与独创性，与教育学、人种学等其他以实践为基础的学科有着共通之处，可以加以借鉴。

2014年的研究卓越框架再次突显了"图书"特权背景下的媒体学科问题，负责第36评估单元（传播、文化与媒体研究、图书馆与信息管理）②的分组讨论没有任何一位实践研究者的参与。③可想而知，这导致了部分学者（或他们所属的机构）在考虑提交哪些成果时犹豫不决。许多人坚持保守策略，选择传统形式的成果，尽管他们最为复杂、细致、创新也最有可能发挥影响力的作品也许采用的是新型媒体形式——视频、脚本、装置、声音艺术、多媒体平台等。虽然支持实践研究可以令学术机构更具包容性，但迟疑的不仅仅是他们。在媒体学科内部，许多从工业化背景转型为学者的专业从业者往往不愿点明他们创作中的研究元素，视其为"来自他们文化之外的无端干预"④。同时，一些具有人文社科背景的知名媒体学家开始

① R. Nelson (ed.) (2013) *Practice as Research in the Arts: Principles, Protocols, Pedagogies, Resistances* (Basingstoke: Palgrave Macmillan), p. 8. ［此书编者应为罗宾·内尔森（Robin Nelson），正文中的名字可能有误。——译注］

② HEFCE (2015) 'Expert Panels', http://www.ref.ac.uk/panels/, accessed 4 August 2015.

③ 主讨论组D的主席布鲁斯·布朗（Bruce Brown）教授是实践研究的积极支持者。但是，第36讨论分组的成员只有传统媒体理论学家、档案管理员、图书馆员、前新闻记者，以及数字经济学、创意产业、文化旅游方面的应用理论专家，或是从事艺术、技术与社会科学跨学科研究的学者。没有人真正进行过实践研究。

④ R. Nelson, *Practice as Research in the Arts*, p. 4.

重视实践研究,认为这对于那些尚未被学界真正认可为学科的领域来说是可行的方式。然而,经济方面的压力日益增加,正如沙利文(Sullivan)①所说的,从业者"已无法忽视自己身为**研究者**以及教师的责任,实际上,这有可能推动机构与体制的开放,'以应对创新改革的新环境'"②。

视频展示或散文电影(essay film)一直是实验媒体领域的常用实践研究方法之一,如今也似乎在广义的研究出版范畴得到复兴,发挥着重要作用。该术语最早出现于20世纪40年代,由德国抽象达达主义电影人汉斯·里希特(Hans Richter)发明,指的是"让电影制作人打破传统纪录片的规则与界限,尽情释放其想象力的一切艺术潜力"③的形式。在法国新浪潮时期(1959—1968),让-吕克·戈达尔(Jean-Luc Godard)、阿涅斯·瓦尔达(Agnès Varda)、阿伦·雷乃(Alain Resnais)等哲学家式电影人以"对图像世界的探究——以及……动态画面自身的力量——与蓄意模糊化的文字旁白的个性化结合"④独树一帜。这种形式不断在哲学电影人手中发展,愈发令人瞩目,比如克里斯·马克尔(Chris Marker)在《堤》(*La Jetée*,

---

① 宾州州立大学(Pennsylvania State University)视觉艺术学院前院长。——译注

② G. Sullivan (2009) *Art Practice as Research: Inquiry in Visual Arts*, 2nd edn (London: Sage), p. XX.

③ H. Richter (1992) 'The Film Essay: A New Form of Documentary Film', in Christa Blumlinger and Constatin Wuldd (eds.), *Schreiben Bilder Sprechen: Texte zum essayistischen Film* (Wien: Sonderzahl), pp. 195 - 198. Translation by Richard Langston.

④ K. B. Lee (2014) 'Video Essay: The Essay Film—Some Thoughts of Discontent', *Sight and Sound*, http://www.bfi.org.uk/news-opinion/sightsound-magazine/features/deep-focus/video-essay-essay-film-some-thoughts, accessed 15 August 2015.

1962)与《日月无光》(Sans soleil，1982)中展现的对于时间、人类、记忆的思考被众多学者与评论家视为有史以来最伟大的电影散文(film essay)作品(考虑到作品对于电影本质的思考，或许称之为散文电影更加准确)。实际上，电影能够传播有关艺术与图像以及世界本身的思考这一潜力早在20世纪40年代就获得了认可，超电影理论家安德烈·巴赞(André Bazin)提出的影像本体论研究方法便包含了"巩固电影的媒体与艺术主权"这一目的，而该主题甚至可以追溯至电影诞生之初。①

那么，视频展示究竟是什么？这种实践研究范式又如何在研究方法、类型、成果方面成为能够替代学术图书的可行方案？视频展示的本质是通过其内容与形式针对具体电影、电影类型或所有电影以及/或者其所处的美学、社会经济、政治文化背景发表新的见解。其中的佼佼者，比如无旁白无字幕的实验型纪录片，还能提供我们看待世界的全新视角。按照埃伦德·拉维克(Erlend Lavik)②的说法，视频展示理应体现"复杂思考之外，使其成为焦点并进行清晰的表达与传播的能力"。③ 最重要的是，视频展示应充当"21世纪知识、艺术与文化研究的出发点，探寻电影在其中扮演的角色，表达对其

---

① A. Tracy et al. (2013) 'The Essay Film', *Sight and Sound*, http://www.bfi.org.uk/news-opinion/sight-sound-magazine/features/deep-focus/essay-film, accessed 15 August 2015.
② 挪威卑尔根大学(Universitetet i Bergen)信息学院教授。——译注
③ E. Lavik (2012) 'The Video Essay: The Future of Academic Film and Television Criticism?' *Frames*#1 http://framescinemajournal.com/article/the-video-essay-the-future/, accessed 17 August 2015.

自身所处地位的不满"①。凯瑟琳·格兰特（Catherine Grant）②、迈克尔·沙南（Michael Chanan）③等集理论家、从业者、活动家于一身的权威人士不仅通过视频展示集开发传播他们自己的新思想——主要在具有同行评议制度的开放获取平台上——而且积极声援他人的作品，他们的努力推动了长短不一的视频展示的再次发展。④事实上，对于格兰特而言，视频展示的可能性在于它"之所以能够激发引人入胜的创作，不仅是因为它可以凭借直接的音视频语言增强解释型研究的效果——这在电影学中一直如此，而且是因为它在动态影像研究的'诗意'、创意、**表演性**批评方法上的潜能"⑤。

当然，未来这类以实践为主导的研究成果的存储、引用、归档难题以及与传统成果的等效性引发的争议将会持续存在。此类作品的即时性与不稳定性也会为"固定、可验、在案的知识概念带来特殊的挑战"⑥，尤其是表演型作品或者基于时间特点的多媒体装置。不

---

① K.B. Lee, 'Video Essay'.

② 英国伦敦大学伯贝克学院（Birkbeck College, University of London）数字媒体与荧幕研究教授。——译注

③ 英国罗汉普顿大学（University of Roehampton）电影与音视频文化研究中心教授。——译注

④ 例如，凯瑟琳·格兰特开发了"AUDIOVISUALCY: 视频电影与动态影像"，一个有关电影与动态影像文本、电影与动态影像研究以及电影理论的在线论坛：https://vimeo.com/groups/audiovisualcy。格兰特的另一个项目是"音视频展示：视频电影与动态影像研究中的实践与理论"（The Audiovisual Essay: Practice and Theory in Videographic Film and Moving Image Studies），鼓励人们对这一形式进行更多讨论与尝试。

⑤ C. Grant（2013）'Deja-Viewing? Videographic Experiments in Intertextual Film Studies', *Mediascape* (Winter), http://www.tft.ucla.edu/mediascape/Winter2013_DejaViewing.html, accessed 21 August 2015.

⑥ R. Nelson, *Practice as Research in the Arts*, p. 17.

过,如果我们想要充分发挥21世纪技术的创意知识可能性,便必须接受这样的挑战,因为"在数字时代,我们[无疑]再也无须被印刷文字拦住脚步,甚至也无须从印刷文字出发"①。我们期望英国支持媒体学科相关研究的主要组织——媒介、传播与文化研究学会(The Media, Communications and Cultural Studies Association, MeCCSA)及英国电影、电视与荧幕研究协会(British Association of Film, Television and Screen Studies, BAFTSS)能够在该领域发挥带头作用,为创新出版提供动力与机遇。②

---

① J. Bresland (2010) 'On the Origin of the Video Essay', *TriQuarterly* 9(1), http://www.northwestern.edu/newscenter/stories/2013/07/the-video-essaycelebrating-an-exciting-new-literary-form.html#sthash.BpuwQbrG.dpuf, accessed 15 August 2015.

② 媒介、传播与文化研究学会的实践组织倡导学会内部的实践研究活动,保证从事实践研究与教学的成员能在学会内外发出强有力的声音。英国电影、电视与荧幕研究协会在不久前颁发了第一届"实践研究奖"(Practice Research Award),体现了众多以实践为基础的成果中,电影与动态影像研究日益突显的"表演化"趋势。

第二部分

出版业

4 学术出版的未来与打破界限的需求

珍妮·麦考尔

艾米·伯克-韦特

摘要：市场研究表明,学者对于专著的态度发生了转变,希望寻求更简短的专著形式。2012年开启的中等篇幅研究成果计划——"帕尔格雷夫·核心"系列证明这样的尝试是可以成功的,灵活性与加速度或许会成为未来人文社科学术图书的关键。本章中,帕尔格雷夫·麦克米伦出版社人文图书全球总监珍妮·麦考尔与高级公关经理艾米·伯克-韦特将阐释"帕尔格雷夫·核心"系列及其他学术出版社类似中等篇幅产品所面对的需求,学术社群对此类产品的反响,以及她们对于未来的展望。

关键词：按需印刷;出版速度;"帕尔格雷夫·核心"系列;市场研究;学术出版社;中等篇幅产品;中短篇幅专著形式

33 对于人文、商务或社会科学领域的学者而言,发表学术研究的传统模式一直是期刊论文或者专著。两者都必须遵循由印刷机的各种原始限制决定的标准格式。大部分学术期刊文章的篇幅是 7 000—8 000 词,纸质学术书则是 70 000—110 000 词,对词数介于两者之间的作品来说并无余地。过去的几百年里,学者会将此类研究发现(花费大量时间)分隔为数篇期刊论文,或是扩充不必要的词数以满足专著的要求。

不过我们已经看到了改变这种现状的可能性。纸质专著的销售量正在下滑,而数字出版则在稳步增长。期刊出版在 20 世纪 90 年代早期开始了数字化改革,电子书的销售规模也在扩大,尽管速度缓慢(根据辛巴分析师的数据,电子书的销售额仍只占 6%)[1]。与此同时,按需印刷技术使得出版社能够以越来越低的成本、越来越高的质量印刷少量图书,进一步让内容挣脱实体印刷的桎梏。2010 年,《经济学人》的一篇文章声称:"按需印刷产品约占剑桥大学出版社的学术专业图书销售额的 10%,而五年前的数据是 3%。在按需印刷技术出现以前,如果某本书的销量低于一年 50 册,那么出版社将会停印。现在没有一本书会面临绝版。"[2]

帕尔格雷夫·麦克米伦出版社的编辑与他们的作者专门就这一问题进行了探讨,后者似乎对于不得不遵守传统出版印刷要求下的强制规定感到十分困扰。因此,帕尔格雷夫在 2011 年启动了一项

---

[1] E. Newman (2014) *Simba Information Global Social Science and Humanities Publishing 2013 - 14*,http://www.simbainformation.com/Global-Social-Science-7935107/,accessed 8 October 2015,p. 26. [辛巴信息公司(Simba Information)是一家成立于 1989 年的传媒出版行业情报提供商。——译注]

[2] *The Economist* (25 February 2010) 'Just Press Print',http://www.economist.com/node/155808561,accessed 10 September 2015.

定量及定性研究计划,探索改革学术出版环境的可能方式。

帕尔格雷夫·麦克米伦研究小组(Palgrave Macmillan Research Panel)于2011年10月成立,由1 268位来自不同地区、不同学科背景的人文社科领域研究者组成。社内团队设计了一份调查问卷,并分发至小组成员手中,意图调查他们对于人文社科出版流程,尤其是出版物篇幅长度的看法。93%的调查对象在近五年内发表过一篇以上的同行评议文章,54%的人在近五年内出版过同行评议专著。①

三分之二的人(占870名提交问卷的成员的64%)认为期刊论文的长度大致是合理的,而在专著问题上这一数据则下降至50%。结果表明许多作者(即36%的期刊论文作者与50%的专著作者)并不满意现在的出版形式。几乎所有认为篇幅要求不合理的人们觉得词数要求过高。只有16%的人认为现有的成果形式(期刊论文与专著)已经足矣。在赞成中等篇幅成果或保持中立的成员中,84%的人表示他们愿意以该种形式出版自己的成果。②

调查结果证实了帕尔格雷夫·麦克米伦编辑的预测,许多学术界成员都有出版中等篇幅作品的需求,漫长的出版流程也是困扰着他们的难题。而将创新研究成果以中等篇幅形式加速出版不失为一种解决办法。当然,作者预期的编辑标准不会受到影响。

目前的中等篇幅研究成果大多是现有研究成果的简要概括。大型国际学术出版集团施普林格在2010年11月宣布开启它的"施普林格简明读本"(SpringerBrief)系列。该系列作品是各领域前沿

---

① H. Newton (March 2013) 'Breaking Boundaries in Academic Publishing: Launching a New Format for Scholarly Research', *Insights* 26(1): 70-76.

② H. Newton, 'Breaking Boundaries in Academic Publishing'. Princeton University Press website, http://press.princeton.edu.

研究与实际应用的简明介绍,篇幅通常在 50—125 页之间。施普林格可提供纸质书、电子书以及 MyCopy 版本,让读者能够随时随地进行阅读,其生产周期也大大缩短。①

无独有偶,"普林斯顿短篇集"(Princeton Shorts)在 2011 年由普林斯顿大学出版社推出。出版社选取了一部分往年出版的权威作品,并仅仅以电子书形式精简再版。②

市场调研结果表明,人们希望看到高质量的同行评议原创作品能够快速出版。与之一致的是,作者们也对耗费大量时间创作传统专著感到极为不满。许多学者想要更及时地发布与时事相关的研究成果,尤其是为了响应研究卓越框架的要求,证明自己作品的影响力。

时任帕尔格雷夫·麦克米伦出版社总裁萨姆·布里治(Sam Burridge)在接受《伦敦政经书评》(LSE Review of Books)博客采访时精准地总结道:"创新前沿研究是点燃知识与教育的火把。如果没有新思想的传播,没有对于旧思维的挑战,我们的教科书不会有任何变化,我们无法从过去的经验中学习,社会也无法进步。我们今天出版的图书会影响下一代的教育,影响我们的社会政策与事业建设。"③

她还补充道:"而出版社所承担的角色已经超越了内容的选择

---

① 作为麦克米兰科学与教育集团的下属品牌,帕尔格雷夫·麦克米伦出版社于 2015 年与施普林格集团合并。

② Princeton University Press website,http://press.princeton.edu/titles/9803.html,accessed 21 August 2015.

③ S. Burridge (2013) '5 Minutes with Sam Burridge: "Palgrave Pivot Is Liberating Scholarship from the Straitjacket of Traditional Print-Based Formats and Business Models"',LSE Review of Books,http://blogs.lse.ac.uk/lsereviewofbooks/2013/10/28/palgrave-pivot-100-hours/,accessed 10 September 2015. [原文误将《伦敦政经书评》写为《伦敦书评》(London Review of Books)。——译注]

与传播者。我们现在要做的是确保研究成果的影响力至少与其本身的重要性相当。比起自然科学,人文社科领域的成果很难受到重视,因为该领域的学者往往经费不足,可用的工具也十分有限。但身为出版人的我们希望改变这一现状,打破界限,让有价值的研究推动世界的进步。"

"帕尔格雷夫·核心"系列是在经过同行评议后首先以数字形式出版的原创研究成果,篇幅一般在 30 000—50 000 词之间,并且会在采纳稿件后的 12 周内出版。我们重新审视了帕尔格雷夫·麦克米伦出版流程中的每一个环节,以确保中篇形式的作品能够快速出版。我们要求作者及时回答文字编辑与排版人员提出的所有问题,用设计精美的封面模板替代定制设计。帕尔格雷夫·麦克米伦出版社的文学策划编辑本·多伊尔(Ben Doyle)在接受《书狐》(*Vulpes Libris*)博客的采访时强调了这一流程的完整性:"所有[帕尔格雷夫·核心作品]由我们编校排版,我们不会想当然地认为作者交来的版本能够直接付印。我们作为出版社提供的部分服务便是排版与编校……我们不会牺牲这一环节以降低成本或加快速度。"①

纸质书版本则采用按需印刷的模式。为了确保该种出版形式具有实际效用,帕尔格雷夫·麦克米伦出版社与图书馆、书商等利益相关者紧密合作,以保证书目的及时发布与正确归类。英格兰高等教育基金管理委员会(Higher Education Funding Council for England, HEFCE)确认"帕尔格雷夫·核心"系列满足英国 2014 年度研究卓越框架的成果要求——只要作品能够符合相关标准。②

---

① *Vulpes Libris* (2015) 'Palgrave Pivot: Mopping Up the Mid-Length Manuscripts', *Vulpes Libres* blog, https://vulpeslibris.wordpress.com/2015/04/29/palgrave-pivot-mopping-up-the-mid-length-manuscripts/, accessed 20 August 2015.

② Newton, 'Breaking Boundaries in Academic Publishing'.

到 2015 年 10 月,"帕尔格雷夫·核心"系列已经走过了三个年头,出版了 550 多部作品,每份稿件从采纳到出版平均只需要 10 周。最快出版的作品是凯丝·伍德沃德(Kath Woodward)的《体育时代》(*Sporting Times*),只花费了 5 周。书系的平均篇幅在 132 页,最短的仅仅 78 页。

"帕尔格雷夫·核心"系列的作者来自世界各地的不同机构,并且已经在发挥着他们的影响力。例如,彼得·康(Peter Conn)于 2013 年 1 月出版的《领养制度:简明社会文化史》(*Adoption: A Brief Social and Cultural History*)在一份提交至美国最高法院的非当事人意见陈述中被引用,以反对禁止承认同性婚姻的 8 号提案。如果康没有选择以"帕尔格雷夫·核心"的形式出版自己的著作,那么他将无法及时对立法产生影响。"帕尔格雷夫·核心"系列也在加速学者的职业发展。《校内儿童的身体活动》(*Children's Bodies in Schools*)一书的作者苏·艾伦·亨利(Sue Ellen Henry)在 2015 年 8 月向她的编辑写道,著有一本"帕尔格雷夫·核心"图书对她的教职申请起到了积极作用:"我接到了升职通知(8 月生效),虽然委员会没有透露评审的具体细节,但我相信一本专著是我的申请材料中的主要亮点。事实上,我觉得有一位校外评委是因为在评审过程中看到了我的书才邀请我通过 Skype 在研究生课堂上针对相关主题发言。"

多伊尔提到,"帕尔格雷夫·核心"系列改变了他的组稿方式:"我们收到的投稿可谓多种多样,令人惊喜。我们出版了一些比期刊论文篇幅稍长的重点研究成果,但它们又无法扩充至一本专著的长度。除此之外,我们认为'帕尔格雷夫·核心'系列的模式适合一些特定类型的作品,比如更具随笔风格的作品,或者是更容易引起讨论的作品。在许多学者看来,这种形式有利于他们对某个新兴领域进行初步探讨,以便其他学者进一步拓展。"①

学术界的态度转向总是需要时间,帕尔格雷夫·麦克米伦出版社也做好了相应准备,等待学者慢慢接受中等篇幅的形式。正如伦纳德·卡苏托(Leonard Cassuto)②2013年在《高等教育纪事报》(*The Chronicle of Higher Education*)上的文章中所说的:"小区里新来的中等个头的孩子很有前途,但……我们还不清楚人们需要多长时间才能完全接受他。学术界(academe)这个单词里有一个小小的'c',代表着保守(conservative)。这种保守主义能够防止学者随波逐流,但也会阻碍必要的改变。"卡苏托还引用了一位州立大学英语系教授的话:"我觉得知名学者应当率先表示对于新模式的信任,这样弱势的年轻学者才能勇敢尝试……这仅仅是从实用主义的角度出发。"卡苏托采访了一位教务长,后者认为教职委员会、校长、系主任们会"比大多数人想象中更懂变通",而"真正的保守主义问题在于教职工本人总是希望与同僚保持一致"。③

不过,布里治为"帕尔格雷夫·核心"系列在学者中引起的反响感到惊喜不已。她提到:"作者们的积极响应让人感到不可思议。我在出版行业工作了18年,从未见过如此受欢迎的项目……作者们很少会像这样直接写邮件给我,夸赞我们出版社。"随后出版的上百部图书证明了这一点。④

最近,伦敦大学金史密斯学院(Goldsmiths, University of Lon-

---

① *Vulpes Libris*, 'Palgrave Pivot'.
② 福特汉姆大学(Fordham University)美国文学教授。——译注
③ L. Cassuto (12 August 2013) 'The Rise of the Mini-Monograph', *The Chronicle of Higher Education*, http://chronicle.com/article/The-Rise-of-the-Mini-Monograph/141007/, accessed 20 August 2015.
④ S. Burridge (2013) '5 Minutes with Sam Burridge'.

don)成立了自己的出版社,并同时向学者发出邀请,开放接受中短篇长度的专著选题计划,包括各类短篇图书与读本系列。社长莎拉·肯伯(Sarah Kember)告诉《书商》(*The Bookseller*),该出版社寻求的是"进行中的思想、代表创作过程的实时作品",比如摘要、脚本、博文、故事板、笔记、散文、剪辑和预览。[①] 他们对非传统形式的学术交流也很感兴趣,比如漫画或图像小说形式的文章。

  中等篇幅研究成果的市场似乎已经越来越成熟。斯坦福大学出版社目前也开发了"斯坦福简明读本"(Stanford Briefs)这一子品牌,专门出版20 000—40 000词长度的图书。这些以论文形式出版的短小研究成果以更广泛的受众为目标[与"世哲快速阅读"(Sage Swifts)及"政策出版社短篇集"(Policy Press Shorts)类似]。2013年,"帕尔格雷夫·核心"系列为希望即刻免费传播作品的作者提供了开放获取模式的选项。过去几十年里,有关"专著将死"[②]的讨论层出不穷,尽管近年来纸质书的销售量不断下降,但速度缓慢却势不可挡的数字变革以及诸如中等篇幅出版形式的创新发展无一不在向我们证明学术专著不灭的生命力。

---

  ① B. Page (30 July 2015) 'Goldsmiths to Launch "Inventive" University Press', *The Bookseller*, http://www.thebookseller.com/news/goldsmiths-launchinventive-university-press-308334/, accessed 20 August 2015.

  ② J. Wolf Thomson (2002) 'The Death of the Scholarly Monograph in the Humanities? Citation Patterns in Literary Scholarship', *Libri* 52: 121-136.

5 未来的学术"图书"及其功能

弗朗西丝·平特

摘要：撕开"图书"的物质表面并迅速转入数字领域后，出现了一系列有关格式、内容、供应链、交付平台、可发现性以及运营模式的问题。面对围绕意识形态、哲学、教育、政治展开的讨论，一部分人反应激烈，另一部分人却已经感到厌烦。"图书"一词的意义永远不再局限于捧在手中的物质实体，供人欣赏热爱、泼洒咖啡或被独裁者焚毁。与其他属性相比，"图书"在极大程度上将由它的功能定义。本章将探讨与"图书"新功能相关的多种要素。

关键词：出版；图书的未来；图书供应链；图书交付设备；图书中间商；未来图书；学术图书；知识基础设施；专著

如果想要探讨这一话题，我们必须撕开"图书"的物质表面，迅速转入数字领域。我们的思考会引发一系列有关格式、内容、供应链、交付平台、可发现性以及运营模式的问题。面对随之而来的围绕意识形态、哲学、教育、政治展开的讨论，一部分人反应激烈，另一部分人却已经感到厌烦。不过有一件事十分明确。"图书"一词的意义将会彻底改变，不再局限于捧在手中的物质实体，供人欣赏热爱、泼洒咖啡或被独裁者焚毁。与其他属性相比，"图书"在极大程度上将由它的功能定义。

图书的发展与学术实践同步，继而形成了越发复杂的跨领域网络。学术界的现状可能会以指数级的速度变化，有助于实现这一点的数字技术与知识基础设施也需要加速发展，甚至苦苦追赶。

我们可以从"知识基础设施"这一概念入手。克里斯汀·博格曼（Christine Borgman）[1]将知识基础设施定义为"人员、实践、技术、机构、产品及其内部关系网构成的生态系统"[2]。出版社就属于这一生态系统。那么新兴技术会为这些基础设施带来何种改变？这些改变又将如何影响学术交流？学术"图书"面临怎样的未来？图书的功能将取决于其在新型基础架构中所处的位置。

无论未来"图书"具有何种功能，都将受到学术界现有"脚手架"的影响——由出版社、图书馆、中间商、资助要求、教职委员会搭建的脚手架。我们正在经历的改变是在充满冲突与竞争的紧张环境中发生的。新兴的技术功能让许多人兴奋不已，但实际上，生态系统里也有失败的投资，现实中的某些利益链牢不可破，以及真正令

---

[1] 加州大学洛杉矶分校信息学教授。——译注

[2] Christine Borgman (2015) *Big Data, Little Data, No Data* (Boston: MIT Press), p. 33.

人担忧的是,心系学术成果的人才能否快速适应新的世界。

在斯隆基金会(Sloan Foundation)举办的一场研讨会上,与会者一致认为新型知识基础设施具有如下显著特征:"(1)隐性知识与公共认识之间的界限正在发生变化;(2)跨学科领域共享数据的复杂性给人们带来挑战,同时也带来惊喜;(3)新的知识规范的诞生比以往更加迅速。"①以上特征紧密相关,并与大数据计算咨询所提供的机遇一同定义了任意学科领域的生态边界,对出版行业产生了深远影响。

乍看之下,用"脚手架"来形容出版社在易变生态系统中扮演的助力角色并不合适。不过考虑到传统供应链的刻板性,或许这个比喻其实恰如其分。陪伴了我们数百年的图书一直是由各类中间商提供的:书店、图书馆供应商以及信息提供商。换言之,现有的庞大供应链不再能够满足新型"图书"的交付形式。我们现在面临着巨大的压力,即拆除重建这些脚手架的迫切需求。我们处在根本性变革的时代——发展中的雏形阶段。未来的事物仍然是未知的存在。学者进行研究、解决知识问题、选择职业路径的模式都将发生改变,而我们也终将做出相应的改变。

那么这一切对于未来的"图书"来说意味着什么?具体的挑战包括:要求共享数据的知识基础设施新生态、新形式的出版物、跨学科发展、协作推进作品、加速出版周期。某些属性可能会得到保留:长篇出版物、连贯整体中的短篇话语结构(比如独立成篇的章节以及结集成册的选集),以及采用更加精细的方式呈现理论角度的数

---

① Knowledge Infrastructures: Intellectual Frameworks and Research Challenges Report and Workshop, http://knowledgeinfrastructures.org/, accessed 15 August 2015.

据资料解读。不再具有普遍性的则可能是"图书"的物质实体这一属性（除非读者要求，出版社不会生产印刷品），因此"写作"受到的影响将更多来自多媒体的嵌入与运用。单一学科的边界将变得模糊，尽管尚不清楚会达到何种程度。数字功能性不仅能够运用新的方法解决既有的问题，还能鼓励人们提出新的问题。

多年来，学科深度与学科广度之间的矛盾一直存在。跨学科性也争议不断。而现在随着新兴数字功能的发展，我们的知识基础设施不再是受学科限制的仓库。然而，出版行业已然落后（这甚至是一种必然现象），因为在根深蒂固的倾向下，他们依然试图在想象中的实体书店里寻找书架。

出版社希望他们的产品能够覆盖更广泛的市场，因为社交媒体与数字化营销的出现让他们得以更加直接地接触读者。然而，想要实现这样的目标需要创建优化元数据，仔细考虑"构建书目"的意义，作为"共同创作者"与作者紧密协作，提供有关"图书"的信息与内容。新世界的挑战是解决基础来源、元数据与知识本体的相关问题（对提高可发现性来说至关重要），而这将影响知识基础设施的边界设定。

无论是从技术还是知识本体的角度来看，元数据创建与维护带来的基础设施问题尚未体现它的全部影响。我们也尚未完全掌握元数据带来的巨大优势，它们不再永久居留于独立书目中，而是游离于"图书"内外。我们没有借助元数据跨越学科搭建桥梁。由于数字世界的分类法是建立在单一学科基础上的，我们还未找到多面体世界所要求的标准，比如，名为 Thema 的新型通用跨学科编码结构直到现在才进入市场，试图取代美国书业标准与通信委员会（Book Industry Standards and Communications，BISAC）、英国图书工业交流会（Book Industry Communication，BIC）的标准。越来多的图书不再适合以学科为基础的传统知识分类法。

出版社面临的挑战是设法推动这些激动人心的发展。完成这样的目标后，未来"图书"的意义自会浮现。"图书"将会借助其功能在新的生态系统中占有一席之地，并进一步维持该系统的运转。"图书"的目的仍然是以其他学者及读者能够接受的方式呈现复杂论述、整合新旧知识。

下面，我们将尝试探讨哪些因素可能导致未来"图书"及其在全球知识基础设施中的地位发生改变。

长期以来被称作黄金标准的专著有着多种功能。首先，它始终是一种里程碑。寻求大学终身教职的学者需要出版一部专著（至少在人文社科领域是如此）。这一要求也许会在未来有所变化，但改变不会立刻发生，并且尽管高校正在扩张，终身教职的岗位却越来越少。

现在又出现了一种被称为"另类学术生涯"（Alternative Academic Career，Alt AC）的发展路径，研究者与不同的机构签署短期合同，而非长期隶属于某一单位。从事"另类学术生涯"的学者可能需要出版专著以进行资格认证，但在许多领域，其他形式的出版物足以开启他们的职业生涯，展现自身的影响力。大量平台可供他们传播自己的研究发现，其影响力也不再仅仅由引用指数决定。为了获得认可，媒介的选择变得至关重要。这可能会导致传统专著出版数量的减少。

一直以来被出版社寄予厚望的"跨界图书"也起源于专著。这种高质量的学术图书——针对的是更广泛的受众，涉足大众化的图书贸易领域，在高端书店销售，甚至被国家级媒体报道——实际上少之又少。现实中，以平装本出版的专著通常只有几百名学者会购买，因为平装本（无论是纸质版还是电子版）的价格终于可以被个人读者接受。只要人们仍旧想拥有"自己"的藏本,那么这种产品就有发展空间。有时,有潜力的"跨界图书"甚至会意想不到地成为畅销书,比如哈佛大学出版社出版的托马斯·皮凯蒂(Thomas Piketty)所著的《21世纪资本论》(*Capitalism in the Twenty-First Century*)。

20世纪70年代,美国出版社开始意识到将学术思想包装成高层次大众读物十分有利可图。文学经纪人在其中起到了关键作用,他们为作者提供写作建议,告诉他们如何写出适合大众阅读的作品,如何创建叙事"线"等等。许多作者(以及他们的经纪人和出版商)都凭借此类出版物获得了大量收入。只要还有人对简便的纸质入门概论感兴趣,科学和历史等方面的大众读物就不会消失。

目前人们的关注点聚焦在"多功能电子书"上。这究竟是什么东西?"电子书建筑师"(eBook Architects)①提供的简明定义是:"多功能电子书"的增强功能性使"电子书的趣味、信息量、互动性大大提高,同时也能增添纸质书无法呈现的新内容或功能"。② 现在,该术语指代的往往不再是简单的链接,而是涵盖更广泛的范畴,包括视听内容。

它可能是一个不能称之为书的网站,但其包含的长篇内容在其他语境下或许会被认可为书的形式。文本与媒体的融合提供了无限的可能性。不过,"多功能电子书"仍须进一步发展它的规范与标准,才能成为可识别的商品。

知识基础设施的发展会影响功能增强型设备的使用方式,反之亦然。各个国家的相关要求——比如英国的研究卓越框架——对

---

① 电子书服务提供商。——译注
② EBook Architects website, http://ebookarchitects.com/learn-about-ebooks/enhanced-ebooks/, accessed 15 August 2015.

于研究者选择何种成果形式起到了决定性作用。支撑知识传播的脚手架理应同步发展，事实上却可能是时断时续。

对于各种各样的多功能电子书来说，关键在于优化交付系统与其流通于学术界的方式。2014年，彼得·科斯坦佐（Peter Costanzo）①在"数字图书世界"（Digital Book World）博客中写道："主要问题是目前的市场不允许出版商在所有现有的数字平台发布相同格式的多功能产品，比如苹果的iPad、亚马逊的Kindle Fire、巴恩斯与诺布尔（Barnes & Noble）的Nook、柯博（Kobo）的Arc。如果你仔细思考这个问题，会发现其他领域的内容提供商不会遇到类似困境。"②交付系统与设备还有很长的一段路要走。

连接出版社与图书馆的中间商也许会在新世界里扮演重要角色，但他们仍旧需要调整自己的运营模式。当他们进行并购时，需要在企业转型、开发实验、容错成本方面投入更多的资金。除此之外，人们可能会担忧并购将导致图书馆采购价格上涨、出版社利润空间缩减，以及运营模式僵化。

人们正在改进各种发现工具，但仍然远远不够。变革时代的另一个动因是开放获取与付费获取的分歧，付费者、付费时间、付费方式的不同不可避免地增加了未来十年的发展难度。

总而言之，人们对"架构"提出的需求是前所未有的。新型运营模式、供应链的改革、元数据优化、服务于发现与传播的数字工具发

---

① 美国联合通讯社（The Associated Press）项目与媒体合作部总监。——译注
② P. Costanzo (23 May 2014) 'The Real Reason Enhanced Ebooks Haven't Taken Off (Or, Evan Schnittman Was Right ... for the Most Part)', *Digital Book World*, http://www.digitalbookworld.com/2014/the-real-reason-enhancedebooks-havent-taken-off-or-evan-schnittman-was-right-for-the-most-part/, accessed 15 August 2015.

展都将影响出版业为学术交流提供服务的方式。未来学术"图书"的定义将在一段时间(长短未知)的可能性尝试后逐渐清晰。如今,以大学为根据地的出版活动提出了许多倡议,比如格林尼治大学(Greenwich University)。还有一些由图书馆发起,比如伦敦大学学院出版社,或者由个人组织,比如开放图书出版人(Open Book Publishers)①。诸如知识解锁项目的新机构也在尝试新的运营模式。所有新方式在与生态系统中的传统元素做斗争,不存在单打独斗的破坏者。"图书"的功能是否将由最优化、最具成本效益的出版方案决定,仍然是个悬而未决的问题。

---

① 总部位于英国的非营利机构,专门出版开放获取图书。——译注

6 大学出版社与学术出版的未来

安东尼·康德

摘要：长期以来被视为学术图书堡垒的大学出版社如今正以多种业务模式运营,在校园中的定位越来越多样化,不同高校对其工作的衡量标准也截然不同。本文研究了英国大学出版社扩张态势的根本动因以及美国数家出版社所获的基金资助,结果表明大学出版社始终是改革知识传播结构以及讨论学术图书未来发展的参考坐标。

关键词：大学出版社；开放获取；人文学科；数字出版；专著

与其服务的人文领域类似,大学出版社经历了数十年的自证危机,并不断进行内省反思。1927年芝加哥大学出版社社长的一篇报告指出,编辑与作者会因为"过度专业化"等常见问题或是无法出版受众窄小的重要学术著作而感到忧虑。① 这种无奈成为常态,尤其是在图书馆预算等方面,人文研究成果——专著这一大学出版社事业基石的价值产生了大量争议。因此,大学出版社的定位十分特殊,它是学术海洋上的出版之岛,是一面反映其所服务的学科与机构对经费、公共事业以及声誉的关注度的镜子。

六分之一的大学出版社由图书馆主管,②其余隶属于学校管理高层或类似大学委员会的组织,还可能直接隶属于高校。出版社的编委会成员均为高校教职工,许多丛书主编、作者、审读人员也是高校教师,当学科院系与活跃于学科内部的学术出版社如此贴近时,思想的交流便无法阻挡,更多高校人员会参与其中。大学出版社就此连接起学术界的理想与学术交流系统的现实,超越了商业出版社与作者、采购商、读者之间的关系。近年来更是如此,具有远见的出版社社长越发积极地参与更大范围的高校政治活动,意图推动机构重组。展望学术出版的中期前景,高校出版业的变化将有助于我们理解开放获取、数字成果、资助政策、作者保守主义、图书馆预算问题、出版公司合并、国际化与新型商业模式等引发大量讨论的议题。

尤其在看过安德鲁·W. 梅隆基金会的最新一轮资助情况后,我们便能了解学术图书生产引擎——美国大学出版社协会(Association of American University Presses,AAUP)③的成员们如何看待

---

① 转引自 A. Abbot（27 June 2008）'Publication and the Future of Knowledge', Presentation to the Association of American University Presses, http://home.uchicago.edu/~aabbott/Papers/aaup.pdf, accessed 20 August 2015。

② J. Howard (24 June 2013) 'For University Presses, a Time of Fixing Bridges, and Building New Ones', *The Chronicle of Higher Education*, http://chronicle.com/article/For-University-Presses-a-Time/139983/, accessed 20 August 2015.

③ 现已更名为大学出版社协会(Association of University Presses)。——译注

学术出版的未来。根据协会网站的数据，所有成员社每年共出版约15 000本图书。① 美国大学出版社协会2015年的年度会议极具争议性地举办了名为"当出版社办不到的时候"(When Publishers Arenlt Getting It Done)的分组讨论，而梅隆基金会已经为大学出版社提供了必要的经费以谋划未来。正如基金会高级项目主任唐纳德·J.沃特斯(Donald J. Waters)所说的："大学出版社正努力调整运营方式，试图利用数字媒体及新型工作流程的优势以尽可能低的成本向尽可能广泛的受众提供全新学术作品。"②

2014年5月，梅隆基金会向大学出版社负责人征集人文学科的数字出版长期选题。基金会注意到了数字化学术作品的增长态势，认为向读者提供数字产品是大学出版社的"迫切"需求，但整合所需资源并不容易。因此，基金会要求大学出版社合作投标，以尝试运用新型数字业务模式出版长篇作品，或解决具体环节中的问题，例如(1)编辑；(2)明确图片及多媒体内容的权利归属；(3)网络出版物与原素材及相关素材的交互；(4)生产；(5)出版前后的同行评议；(6)市场营销；(7)发行；以及(8)数字内容的存储与维护。③

有三大类项目响应了此呼吁并获得梅隆基金会资助，包括作为

---

① 参见'About the AAUP', AAUP, http://www.aaupnet.org/index.php, accessed 20 August 2015。

② G. Mahalek (8 January 2015) 'The University of North Carolina Press Receives Major Grant from Mellon Foundation', *Publisher's Weekly*, http://www.publishersweekly.com/binary-data/NEWS_BRIEFS/attachment/000/000/6-1.pdf, accessed 20 August 2015。

③ 转引自 C. Straumsheim (25 February 2015) 'Piecing Together Publishing', *Inside Higher Ed*, https://www.insidehighered.com/news/2015/02/25/researchers-university-press-directors-emboldened-mellon-foundationinterest/, accessed 20 August 2015。

"梅隆基金会学术出版总倡议的一部分"先后获得其他相关资助的项目：数字图书平台、开放获取工具及发行渠道、丰富用户全流程体验的平台。①

▶ 北卡罗来纳大学出版社（University of North Carolina Press）获得了 998 000 美元用于开发供大学出版社使用的协作服务平台。该平台将被用于优化各种数字出版活动的成本效益，包括数字专著开发过程中的编校、排版、生产、运营、营销服务。

▶ 纽约大学出版社是凯瑟琳·菲茨帕特里克（Kathleen Fitzpatrick）②的重量级著作《计划性淘汰：出版、技术与学术界的未来》(*Planned Obsolescence: Publishing, Technology, and the Future of the Academy*)的出版商，此书显然对该资助计划产生了巨大影响。纽约大学出版社所获的 786 000 美元资助将用于开发针对多功能联网专著的基础设施，以支持人文领域长篇数字出版物的编辑、生产与传播。

▶ 明尼苏达大学出版社（University of Minnesota Press）将与纽约市立大学（City University of New York）的数字学术研究中心共同开发"多面体学术作品"（Manifold Scholarship），"在出版纸质版图书的同时，在交互式开源平台上开发联网迭代式

---

① 更多资助项目细节可见协会网站链接：http://www.aaupnet.org/aaup-members/news-from-the-membership/collaborativepublishing-initiatives/, accessed 20 August 2015。

② 密歇根州立大学（Michigan State University）数字人文中心主任。——译注

的出版物"。① 电子书版本能够允许作者在作品中加入丰富的媒体内容、原始资料以及数据集。(与同行评议分开进行的)读者反馈也会通过社交媒体渠道进行整合。

▶ 密歇根大学出版社(University of Michigan Press)携手印第安纳大学(Indiana University)、明尼苏达大学、西北大学(Northwest University)、宾州州立大学的出版社获得了大量资助,它们将共同建立一个托管平台,用于管理专著原始资料以及新近的数字出版物。事实上,这意味着拓展现有的存储库,"通过印刷于纸质书上的稳定的统一资源定位系统(Uniform Resource Locator, URL)地址与数字内容标识符(Digital Object Identifiers, DOI),以及电子书中的可点击链接,实现人文专著相关数字素材的交互式呈现"。②

▶ 加州大学出版社(University of California Press)与加州数字图书馆(California Digital Library)将合作开发基于网络的开源内容管理系统以支持人文社科领域开放获取专著的出版。

---

① University of Minnesota Press (20 April 2015) 'The University of Minnesota Press partners with CUNY's GC Digital Scholarship Lab to launch Manifold Scholarship—a platform for iterative, networked monographs—with grant from the Andrew W. Mellon Foundation', University of Minnesota Press website, https://www.upress.umn.edu/press/press-releases/manifoldscholarship/, accessed 20 August 2015.

② Michigan Publishing (April 2015) 'Building a Hosted Platform for Managing Monographic Source Materials and Born Digital Publications Through Library/Press Collaboration', Michigan Publishing website, http://www.publishing.umich.edu/files/2015/04/Hydra_Fedora_Mellon_Proposal_Summary.pdf, accessed 20 August 2015.

系统完成后可供其他大学出版社以及图书馆出版商使用。①

▶ 约翰斯·霍普金斯大学出版社(Johns Hopkins University Press)从梅隆基金会获得了进一步支持缪斯计划（Project MUSE)的资助，该计划是大学出版社协作项目的最佳范例。缪斯开放获取(MUSE Open)项目作为最受信赖的中介机构之一，旨在推动开放获取专著的全球发行，并"运用常为付费内容专属的发现及获取工具提升其可见性与功能性"。

▶ 斯坦福大学出版社将资助款用于建立强大的同行评议流程，以服务互动式学术研究项目，包括开发出版发行数字学术作品的系统与框架。

▶ 耶鲁大学出版社会成立一个全新的电子门户网站，并从耶鲁的出版物中筛选定制化的艺术与建筑史内容提供给消费者与相关机构。

▶ 尽管并不严格属于大学出版社资助项目，但布朗大学②获拨130万美元以支持高校与出版社开发、出版、存储交互式数字学术作品，并着重于数字学术作品的"合法化"，以确保数字内容与传统出版物在教职与晋升政策上得到同等的重视；西弗吉尼亚大学(West Virginia University)也获得了100万美元的

---

① R. Poynder (8 March 2015) 'The OA Interviews: Alison Mudditt, Director, University of California Press', *Open and Shut?* (blog), http://poynder.blogspot.com/2015/03/the-oa-interviews-alison-mudditt.html, accessed 20 August 2015.

② C. Coelho (12 January 2015) 'Mellon Grant to Fund Digital Scholarship Initiative', Brown University website, https://news.brown.edu/articles/2015/01/digital/, accessed 20 August 2015.

资助用于 Vega 的开发①——一个支持同行评议、编辑校对、出版多媒体学术内容的在线开源学术出版系统。

那么,这是否是学术图书的未来发展方向？从某些方面来看确实如此:学术出版的未来将是数字化、迭代式的,共享基础设施会使开放获取模式(如果需要的话)的成本大大降低,支撑数据将越来越丰富,大学出版社的品牌威望及其严格的同行评议制度依然会在所有环节发挥其影响力。但许多出版界评论家误以为学术图书只有一种未来。实际上,获得"学术"权威性或许才是所有学术图书的共同未来。

根据英国联合信息系统委员会(Joint Information Systems Committee, JISC)在 2014 年面向 2 231 名学者进行的问卷调查②显示,83%的人文学科学者会阅读电子学术书,然而 87%的人阅读的上一本书是纸质版。尽管这一比例肯定在不断变化,但仍然说明学术研究成果的常规受众并不仅仅使用数字化产品。纸质图书的市场并不会完全丧失。有趣的是,98%的受访者认为阅读专著对于职业生涯来说非常重要,但其中只有 10%的人觉得他们难以获取专著内容,这说明无论哪种形式的学术图书受众群体有所扩大,无论出版社采用的是什么新型发行策略,新的读者都将来自传统受众之外。

---

① C. Ball (7 October 2014) 'Proposal to The Andrew W. Mellon Foundation', Dr. Cheryl E. Ball, *An Academic Portfolio*, http://ceball.com/wp-content/uploads/2015/01/PORTFOLIO-COPY-WEB.pdf, accessed 20 August 2015.

② OAPEN-UK (2012) 'Survey of Use of Monographs by Academics—as Authors and Readers', OAPEN-UK, http://oapen-uk.jiscebooks.org/files/2012/02/OAPEN-UK-researcher-survey-final.pdf, accessed 20 August 2015.

运用联网技术与线上社群互动的迭代式出版物，让读者能够以各种方式深入参与出版流程的不同阶段。帕尔格雷夫出版社在2014年进行的研究调查①表明超过三分之二的作者认为出版社应当尝试新的同行评议模式："受访者表示这种想法并非源于对现有模式的不满，而是源于对新兴模式的好奇。"不过，凯瑟琳·菲茨帕特里克也指出："即使以最前沿的方式出版在线内容也无法直接随机汇集一组人员进行相关交流，而像这样的技术就便于有意愿且有准备的学者展开讨论。"②这种新流程需要精心的策划以吸引参与者，还需要出版社投入资金，作者们投入时间，而后者与他们的潜在读者/审阅者一样，已经面临着教学、研究、"知识交流"、会议、写作、审读传统学术作品等各种压力。

增强万众期待的共享基础设施必然能够大幅压缩出版长篇开放获取作品的成本，然而金色开放获取(gold Open Access)③图书涉及的加工费用仍难以降低，大部分学者、图书馆、高校院系在没有额外资助的情况下也仍然难以负担。但还是有许多知名开放获取图书计划正在稳定发展，比如知识解锁项目，该项目主要与大学出版社合作，以及新近的梅隆基金会开放式人文图书馆，其出版项目也有一部分大学出版社参与其中。杰弗里·克洛斯科在他组织的报告《专著与开放存取》——迄今为止对开放获取模式最为全面的评

---

① H. Newton (28 February 2014) 'Experiment in Open Peer Review for Books Suggests Increased Fairness and Transparency in Feedback Process', *LSE Impact Blog*, http://blogs.lse.ac.uk/impactofsocialsciences/2014/02/28/palgrave-macmillan-open-peer-review-for-book-proposals/, accessed 20 August 2015.

② K. Fitzpatrick (2011) *Planned Obsolescence: Publishing, Technology, and the Future of the Academy* (New York: New York University Press).

③ 指作者保有自己的作品版权并可以即时免费分享自己的作品，但出版费用通常由作者方承担。——译注

估中总结道:"支撑出版开放获取专著的业务模式并不是唯一的,许多方式将在一段时间内共存,似乎没有某种模式能成为主导。"①

可见,开放获取专著只是现有模式的补充方案,并非替代方案,并且其出版模式也将是多种多样的。不过有关开放获取图书的另一种思路也在大洋两岸引起了关注,那就是教科书。在"学生体验"为王的时代,学生群体本身也越来越多样化、国际化,教学往往是众多机构最主要的收入来源,开发定制型的开放获取电子教科书便成为相关机构的利益所在,比如利物浦大学出版社和图书馆正在合作的项目。尽管从全球范围来看,这种内部转变似乎与预期相悖,但值得注意的是,该项目的初步成果将取代商业出版社出版的售价56英镑的教材,而以往这本必修课教材每年会有900名学生购买。事实上,JISC的大型项目——"让教学机构成为电子教科书出版者"(The Institution as E-Textbook Publisher)便是旨在探究身兼电子教科书生产者的教学机构能否"通过提供'平价'的高等教育帮助学生,为图书馆、师生建设更稳定、更优化的信息环境"。②

JISC项目的合作伙伴之一伦敦大学学院出版社是近年来涌现的英国新型大学出版社,③不受传统规则束缚,具有前瞻性的发展策略。伦敦大学学院身为英国经费最充足的大型高等教育机构之一,

---

① G. Crossick (2014) *Monographs and Open Access: A Report to HEFCE*, http://www.hefce.ac.uk/media/hefce/content/pubs/indirreports/2015/Monographs,and,open,access/2014_monographs.pdf, accessed 20 August 2015.

② JISC, 'Institution as E-Textbook Publisher', JISC Collections website, https://www.jisc-collections.ac.uk/Institution-as-E-textbook-Publisher/, accessed 20 August 2015.

③ A. Cond (18 August 2015) 'The University Press Is Back in Vogue', *The Bookseller* (blog), http://www.thebookseller.com/blogs/anthony-cond-309360/, accessed 20 August 2015.

始终是开放获取模式的公开支持者。它的出版社由学校研究经费资助,创办理念与菲茨帕特里克所说的一致,即大学应在学术传播流程与成果制作方面重新发挥作用。"传播"是伦敦大学学院出版社的目标,其业务考核标准也以此为基础。出版社力图提升学术研究的可见性,使其得到决策者的广泛应用,并为学校吸引更多的学者与生源。①

不仅如此,金史密斯学院、卡迪夫大学(Cardiff University)、威斯敏斯特大学(University of Westminster)以及美国的阿默斯特学院(Amherst College)相继宣布成立支持开放获取模式、数字技术、"标准"及"非标准"出版物并行的大学出版社。与数码印刷推动高校开办出版社一样,开放获取与数字出版模式也让部分机构愿意在传统出版物之外进行投资,生产超越传统的新型出版物。

我们有必要重申,这些新生机构以及梅隆基金会的资助并不单单是出版人的战略与展望。鉴于大学出版社的性质,它们的出版物往往由学者创作,或由学者审核,有时会是学校高层或图书馆长。这说明图书的未来在于出版的实用性与学者对于现状的满意度。一旦精装与平装图书达到饱和状态,人们必须想方设法开发一系列新形式以继续大学出版社传播学术成果的使命,正如约瑟夫·埃斯波西托(Joseph Esposito)②指出的:"出版社的价值不在于他们所拥有的产品,而是在于他们亟待完成的事业。大学创造未来,出版社

---

① P. Ayris, E. McLaren, M. Moyle, C. Sharp and L. Speicher (2014) 'Open Access in UCL: A New Paradigm for London's Global University in Research Support', *Australian Academic & Research Libraries* 45(4): 282-295.

② 一位为出版社及软件公司提供战略建议的独立管理顾问。——译注

应向世界传播创造成果。"①

  有迹象表明,学术出版现正经历的是缓慢的进化过程,而非彻底的改革。它的未来其实是作者与读者的共同选择。尽管梅隆基金会可能会采取进一步的干预措施,包括为机构赞助模式注入资金,但学术图书处于众多利益链构成的全球性复杂网络之中,无法在一夜之间发生根本性的变化。为了迎接出版的多样化未来,大学出版社将践行里克·安德森(Rick Anderson)②的建议:"图书馆与赞助商并不关心出版社的战略是否新颖。不要将未来押注在创新上,关注自己存在的意义。"③

---

  ① J. Esposito (7 March 2011) 'The New Economics of the University Press—A Report from the AAUP', *Scholarly Kitchen* (blog), http://scholarlykitchen.sspnet.org/2011/03/07/the-new-economics-of-the-university-press-a-reportfrom-the-aaup/, accessed 20 August 2015.

  ② 美国犹他大学(The University of Utah)馆藏与学术传播学院副院长。——译注

  ③ AAUP (2014) 'Library-Press Connections at the Charleston Conference', AAUP website, http://www.aaupnet.org/news-a-publications/aauppublications/the-exchange/current-issue/1265-charleston-2014/, accessed 20 August 2015.

第三部分

图书馆

7 国家图书馆与未来的学术图书

马娅·马里赛维克

摘要：在不久的将来，国家图书馆将在保证资源的长期获取与存储之外，在国家研究基础设施内扮演新的角色，比如政策协调、制定国内及国际互用性标准、改善学术图书的可发现性等等。与此同时，以上改变的复杂程度与资源密集性，加上图书馆所面临的与日俱增的预算压力意味着国家图书馆在学术生态系统中的未来定位将取决于其创新能力以及与研究者、高校、资助方之间的关系转型。本章将探讨某些普遍趋势，这些趋势可能会影响国家图书馆迎接学术图书未来挑战的方式。

关键词：存储；大英图书馆；国家图书馆；开放获取；图书馆业；学术交流；学术图书；研究政策；专著

对于艺术人文及社会科学领域的学者而言,国家图书馆是十分重要的研究基础设施,是学术图书的中心所在。国家图书馆的传统定位是整理并提供系统化的国内出版物,大多数情况下这些出版物由法定缴送样本组成(在部分国家,呈缴本制度已有数百年的历史)。过去与当下学术图书的大型资料库就此而成。

国家图书馆为许多学科提供了额外服务,比如独家原始研究素材,以及补充国内学术出版物的大量海外藏书。在沉浸式的研究环境中,艺术人文领域的研究人员往往比一般读者更关注国家图书馆获取、提供、保存馆藏的方式。国家图书馆的馆藏往往被学者视为未来研究不可或缺的资源。部分研究者常年专注于研究某类特定的馆藏,另一部分则希望国家图书馆尽可能地提供相关学科的所有资源。[1]

迄今为止的数字化发展并没有改变国家图书馆、研究人员、学术图书之间的紧密关系。不过,如果学术图书本身发生改变,这种既定的良好关系是否会随之改变?国家图书馆是否会变成大型数字平台,以供未来的研究人员远程操控文本、数据、多媒体,以数字协作方式创造新的知识?或者,此类数字平台会与自然科学领域的学科库相似,诞生于国家图书馆之外?[2]

---

[1] 2011年12月,大英图书馆进行了一项面向3 000名学术研究人员的调查,其中43.8%的受访者认为他们如今所有的研究成果离不开大英图书馆的馆藏资源。他们高度评价了大英图书馆提供的资源的广度及深度,这使得他们的各项研究能够顺利展开。这项调查的数据没有公开发表。个别受访者的观点[希拉·罗恩-莱格(Shelagh Rowan-Legg)、戴安娜·纽沃尔(Diana Newall)、艾利克斯·霍尔(Alex Hall)]收录于"与大英图书馆共同创造"(Made with the British Library)企划活动中(见 http://www.bl.uk/made-with-thebritish-library, accessed 5 September 2015)。

[2] PubMed (http://www.ncbi.nlm.nih.gov/pubmed)与Europe PubMed Central(https://europepmc.org)是整合包括生命科学期刊及在线书籍在内的生物医学文献资料库平台。

我们暂且无法确定这种综合性数字平台是否适合未来的艺术人文研究，但目前的一些进展有助于我们思考未来的国家图书馆、研究人员、学术图书应当如何协作。

首先，我们将从以下问题开始探讨学术图书的发展路径：学术图书的开放获取是否会变成研究资助者的强制要求。① 在这一话题下，我们能够清楚地看到学术图书正在发生变化。有关开放获取的争议在艺术人文领域再度引发了针对研究信息政策及出版模式的学术讨论。② 开放获取的热度也催生了组稿、出版、发行学术图书的新模式，比如欧洲开放获取出版联盟（Open Access Publishing in European Networks，OAPEN）③、知识解锁④以及新近的开放式人文图书馆（Open Library of Humanities）⑤等开拓性项目。

这并不意味着学术出版领域的所有变革归因于开放获取。大量的改变是由于研究人员凭借数字信息环境的普遍便利性、即时性

---

① 目前欧洲乃至全球的大部分公共研究资助方都会要求其所资助的研究成果向终端用户免费发布，并在其他出版环节收回相关成本，甚至越来越多的独立及慈善研究资助方也有同样的要求。这种强制要求大多针对期刊而非学术图书，但未来仍有可能发生变化。日后的开放获取要求或许也会包括学术图书。例如，鲍勃·伯格斯爵士（Sir Bob Burgess）在一份为英国研究理事会撰写的报告中就提出过建议，即将开放获取模式列为学术专著的强制要求（见 *Review of the Implementation of the RCUK Policy on Open Access*（2015）：http://www.rcuk.ac.uk/research/openaccess/2014review, accessed 10 September 2015）。

② 英国本土的案例可参见 G. Crossick（2014）*Monographs and Open Access: A Report to HEFCE*，http://www.hefce.ac.uk/media/hefce/content/pubs/indirreports/2015/Monographs, and, open, access/2014_monographs.pdf, accessed 20 August 2015，以及论文集 Nigel Vincent and Chris Wickham（2013）*Debating Open Access*（London：British Academy）。

③ 参见 http://www.oapen.org/home, accessed 5 September 2015。

④ 参见 http://www.knowledgeunlatched.org, accessed 5 September 2015。

⑤ 参见 https://www.openlibhums.org, accessed 5 September 2015。

以及速度优势改变了自己的阅读与信息搜集方式。

2012年，大英图书馆与JISC联合进行了一项针对博士生的纵向研究，为期三年。他们跟踪调查了3 000名博士生，得出了一系列有关研究行为的结论。例如，艺术人文学科的年轻研究者认为电子期刊比学术图书稍显重要，并有近30%的学生的主要资源搜索工具是谷歌。①

变革的另一动因是学术图书与期刊文章及数据同为研究成果的性质，为了保持研究的相关性，学术图书尤其需要"重新调整"以适应相同或相似的研究评估环境，通过数字渠道获得更广泛的可衡量影响力。

在我们意图掌握艺术人文领域研究交流的特殊性，尤其是认识到专著与其他长篇出版物的独特地位的同时，②也需要看到学术图书的变革动因与科技医药出版环境中的因素有着相似性。因此，我们有必要仔细审视科技医药出版领域已经发生的变化，并从中积累可以运用到包括国家图书馆在内的学术图书领域的经验。

全球性的学术及专业出版社贸易组织STM(International Association of Scientific, Technical and Medical Publishers)最近发布了一份报告，我们会发现以出版物作为最终成果的技术创新并不多，它们通常仅仅以PDF形式发表一篇文章。然而，行业内的业务流程仍然发生了重大变化——新的整合模型、新的开放获取出版模式，甚至是新的同行评议方式出现了。科技医药出版领域的另一显著特

---

① *Researchers of Tomorrow: The Research Behaviour of Generation Y Doctoral Students* (2012) (London, British Library and Jisc).

② Crossick, *Monographs and Open Access*.

点是以资助者的要求为中心。① 在这种背景下,国家图书馆与商业保存服务 CLOCSS/LOCKSS 及 Portico 一样,承担着储存者的角色。② 值得一提的是,报告总结道:"(与图书馆相比)对于研究者的关注度与日俱增,部分原因是开放获取模式下被重新定义的消费者,另一部分原因则是人们对于研究评估及指标的重视。"③

从国家图书馆的角度来看,如果艺术人文领域的学术图书向电子期刊转变,艺术人文研究者的预期也将发生改变,包括对于普遍实现免费远程访问学术内容的预期。

国家图书馆里的大部分学术图书都是法定的缴送样本。在数字时代,非印刷作品也适用同样的呈缴本制度,以确保学术图书的长期保存,然而这种制度无法满足研究者及时远程获取数字资源的要求。④ 此类需求需要通过其他机制加以实现。

图书馆通常通过支付相关订阅费用或链接至开放获取资源,扩充访问渠道,但无论哪一种方式都要求各个国家的图书馆在预算不断削减的前提下寻求更多的资源。经费日益紧张,国家图书馆越发难以支撑必要的学术出版物投入,更遑论同时管理大量其他数字出版物的需求——非学术型电子书、在线报刊、音视频馆藏、网页存

---

① M. Ware and M. Mabe (2015) *The STM Report—An Overview of Scientific and Scholarly Journal Publishing*, 4th edn (STM, International Association of Scientific, Technical and Medical Publishers).
② M. Ware and M. Mabe, *The STM Report*, p. 31.
③ M. Ware and M. Mabe, *The STM Report*, p. 159.
④ 英国的非印刷作品呈缴本制度规定数字出版物应缴送至图书馆保存,但也有额外要求,如该材料只能在图书馆内访问,并且每次仅限一名读者访问。详情可参见'The Legal Deposit Libraries (Non-Print Works) Regulations' (2013) http://www.legislation.gov.uk/uksi/2013/777/pdfs/uksi_20130777_en.pdf, accessed 5 September 2015.

档、数字化遗产收藏。以上这些馆藏大多只能存储于国家图书馆，而高等教育领域的图书馆基础设施十分完善，更有可能加大数字学术资源的投资。在如今资源紧缺的环境下，艺术人文研究如果能在学术出版以外给予同等重要的数字馆藏更多的关注，可能更有利于国家图书馆为之提供相应的服务。

观察并适应研究环境中的复杂变化是一项需要花费大量经费及资源的工作。学术交流的变革往往遵循着研究活动的规则以及数字出版物的形式变化。理解这一系列变化意味着保持对于学术研究动态的了解，也意味着相应的经费与专业知识。旨在维持学术图书家园这一地位的国家图书馆必须做好万全准备以迎接艺术人文研究及学术出版领域的变革。

在当前背景下，如果最终国家图书馆根据相关规定减少对于学术图书的投入，这样的结果也并不会令人意外。国家图书馆身为综合性艺术人文研究生态系统的作用将不可避免地被改变或削弱，这也是为什么国家图书馆往往希望继续参与学术图书的相关工作——包括资源存储与优化研究者的获取方式。如果这两点对于艺术人文领域的学者来说仍然至关重要，那么图书馆的意愿也会更加坚定。

大英图书馆藏有1 470万册专著，仅2013/2014年度便通过呈缴本制度增加了107 554册图书。① 为了日后不断扩充并更新其馆藏，大英图书馆有必要了解甚至预测学术出版领域的变化，与多方合作，共同面对成本增加、数字加工难度上升等挑战。

---

① 'British Library Annual Report and Accounts 2013－14', http://www.bl.uk/aboutus/annrep/2013to2014/annual-report 2013－14.pdf, accessed 10 September 2015.

在此过程中，国家图书馆应当加强联络政府负责制定研究政策、拨付研究经费的部门。回溯开放获取模式迄今的发展历程①，我们会发现在推广开放获取方面扮演重要角色的国家图书馆往往与所在国家的研究资助方有着紧密的联系。比如在瑞典，国家图书馆就被形容为"推进主要研究机构与研究型图书馆之间的密切合作，以发展开放获取模式及数字研究信息基础设施的催化剂"②。

此处还须提及国家图书馆与高校图书馆建立联系的必要性。2014 年，一份重要文件《全国性专著战略》(A National Monograph Strategy)在英国发表，传达了决策者、高校图书馆、国家图书馆通力合作的重要性。值得一提的是，该文件不但点明了数字环境下的合作需求，还强调了现有实体馆藏管理方面的需求，而后者对于可能保留纸质图书形式的艺术人文出版图景来说十分重要。③

与高校图书馆联盟的关键意义之一在于理解数字存储重要性的共识。例如，近期在高校图书馆及资料库进行的研究表明它们在维护、存储电子书馆藏与提供长期访问渠道方面面临着困难。④ 这也再次说明为什么学术图书的保存应当始终是国家图书馆关注的

---

① 为了保持学术交流的稳定性、控制成本以及灵活适应数字时代的新变化，开放获取政策的发展往往是循序渐进的。发展过程中通常需要不同利益相关者互相协商，比如研究资助方、出版社、高校与图书馆，包括国家图书馆。英国的大学目前正在组建这样一种利益团体，以推进开放获取政策的实施。

② J. Hagerlid (2011) 'The Role of the National Library as a Catalyst for an Open Access Agenda: The Experience of Sweden', Interlending and Document Supply, 39(2): 115 – 118.

③ B. Showers (2014) A National Monograph Strategy, http://monographs.jiscinvolve.org/wp/, accessed 10 September 2015.

④ E. Collins and G. Stone (2014) 'Open Access Monographs and the Role of the Library', Insights—OA Monograph Supplement, 11 – 16.

焦点。

2015年4月,大英图书馆与英国研究理事会、全球研究理事会(Global Research Council)合作,共同考察当前开放获取模式的相关政策及实践。三方举办的论坛发表了有关资源存储的如下报告:

> 图书馆的作用十分关键:现存的图书馆呈缴本制度有效地收集了大部分研究成果并加以长期管理与保存。目前的体系兼有实体资源与数字资源,但同时也正朝着以数字存储为主的方向发展。然而,呈缴本制度仅仅适用于国内符合规定的已出版资源,我们需要开发新的长期归档存储模式以服务于开放获取素材,因为此类素材往往在传统出版流程之外产生。①

除了未来的存储问题之外,国家图书馆也应重视获取及使用数字学术内容新方式的可能性。如果未来的学术图书进化为灵活互动型的数字产品,或许会促使国家图书馆在为学者提供新型服务之外,也向大众商业读者提供服务。而探索未来方式最为有效的方法便是不断地尝试。

BL实验室②项目作为近年来的一次尝试,从19世纪的图书中数字化提取了100万张以照片为主的图像,并上传至Flickr网站③。到目前为止,这些图片已被浏览2.71亿次,添加了422 000个标签。大英图书馆在此过程中认识到了大众信息的力量,也发现了书籍图

---

① RCUK (2015) 'Unlocking the Future: Open Access Communication in a Global Research Environment', RCUK website, http://www.rcuk.ac.uk/media/announcements/150527/, accessed 10 September 2015.

② 参见 http://labs.bl.uk, accessed 5 September 2015。

③ 雅虎旗下的图片分享网站。——译注

像再开发的潜能。① 另一个项目是大英图书馆第一次与诺丁汉大学合作出品的慕课课程"日常生活中的宣传与意识形态"（Propaganda and Ideology in Everyday Life）。该数字课程包含了一系列视频、文稿、资料展示解说与互动讨论。未来的学术图书是否也会演变为类似的形式？是否会演变为阐明长篇幅学术观点的各种数字元素集合体？

这一点尚不可知。不过，积极探索这些新形式的国家图书馆一定能够更好地适应未来出版物的形式变化。大英图书馆与艺术与人文研究理事会共同开发的"学术图书的未来"项目及项目研究团队与其他利益相关者共同参与的后续工作，概括了我们当前的需求：研究资助方与国家图书馆通力合作以探索学术社群内部的新思维，与此同时，学者、图书馆、出版社等更加广泛的群体也加入进来，共同探讨以往仅从单一角度看待的问题。

当前的环境十分有利于我们进行尝试，构建新的联系，深化已有的合作，进而形成我们对于未来学术出版的需求的共识——如果我们想要改变，应当如何改变，又是为了什么而改变。

---

① 大英图书馆的这篇文章讲述了这些图片是如何被使用在"火人节"（Burning Man Festival）活动中的：http://www.bl.uk/events/crossroads-of-curiosity-thebritish-library-meets-burning-man/，accessed 5 September 2015。（火人节是起源于美国的反传统狂欢节。——译注）

8 图书馆人的战略性参与

尼尔·史密斯

摘要：对于图书馆从业者而言,学术图书的未来需要我们的战略性参与。图书也许不再是大学图书馆的采购对象,甚至可能不以实体形式存在。如果未来的学术图书从图书馆中消失,我们应当如何管理及获取它们?大学内的图书馆员将如何与学术研究人员进行有关学术图书未来的战略性对话?本章的观点认为图书馆人与学术图书作者之间的交流具有前所未有的重要意义。作者将探讨当前背景下的各种挑战,参考研究卓越框架与诺丁汉大学图书馆书目提供的数据,指明图书馆人如何发挥战略性作用,通过战略性的参与塑造学术图书的未来。

关键词：JSTOR;电子书;关系管理;开放获取;图书馆数据;研究卓越框架;英国研究储备资料库;战略性参与

学术图书指的是学术研究的成果,或在研究中为学者所用的书籍。学者们创作书籍,指导学生进行阅读,而图书馆员则负责开发管理知识的系统、服务以及基础设施。那么图书馆人应当如何与学者进行有关未来学术图书的对话?本文将探讨图书馆人与学术书作者之间的关系。作者将从当前背景下的各种挑战出发,参考研究卓越框架与诺丁汉大学图书馆书目提供的数据,指明图书馆人如何发挥战略性作用,通过战略性的参与塑造学术图书的未来。

　　学术图书所面临的挑战一直存在。在任职诺丁汉大学校长期间,柯林·坎贝尔(Colin Campbell)曾谈及学术交流的未来发展。他将图书馆比作自己的"实验室",同时强调了以下重要问题:越来越多的图书正在出版,学生的要求越来越高,学者越来越需要专业的资源等等。面对这些挑战,"图书馆在学者心中至关重要,也与每一所大学的发展息息相关"[1]。开放获取模式降低了订阅成本,期刊的"出版总成本"[2]却相应增加。很显然,如果图书馆在高昂的期刊订阅上投入更多经费,那么图书的可用经费将会减少。原本可以投入学术图书的资助随之面临额外的压力。

---

[1] C. Campbell (1990) 'The Future of Scholarly Communication', in K. Brookfield (ed.) *Scholarly Communication and Serials Prices: Proceedings of a Conference Sponsored by The Standing Conference of National and University Libraries and The British Library Research and Development Department* (London: Bowker-Saur), pp. 11–13.

[2] S. Pinfield, J. Salter, P. A. Peter and A. Bath (2015) 'The "Total Cost of Publication" in a Hybrid Open-Access Environment: Institutional Approaches to Funding Journal Article-Processing Charges in Combination with Subscriptions', *Journal of the Association for Information Science and Technology*, http://onlinelibrary.wiley.com/doi/10.1002/asi.23446/epdf/, accessed 25 August 2015.

学术出版曾被形容为"荒野西部"(Wild West)①,但不可否认的是,长篇出版物具有重要的意义。② 某些专著曾被视为偏文学性③或"半大众性"④。在从属于"学术图书的未来"项目的诺丁汉大学的"奔向开放未来"(Sprinting to the Open FuTure,SOFT)项目中,文学性成果在初期的讨论中也被视为重要作品。研究卓越框架是其中的关键因素,由于专著与四星评定可能存在关联,高校也就对学术图书保持着战略性的关注。如果未来的学术图书仍然与研究卓越框架及资助密不可分,那么探讨图书馆的定位便有着更甚于以往的必要性。

或许在学者与图书馆人之间最敏感的问题是书籍及其他研究材料在图书馆内的生存空间。许多学者都对图书馆的馆藏抱有极高的期望,尤其是期望自己的作品能够收录进高校图书馆。虽然纸

---

① C. Lambert (2015) 'The "Wild West" of Academic Publishing: The Troubled Present and Promising Future of Scholarly Communication', *Harvard Magazine*, http://harvardmagazine.com/2015/01/the-wild-west-of-academic-publishing/, accessed 25 August 2015.

② G. Mock (2013) 'Surprising Bright Future for Academic Books', *Duke Today*, https://today.duke.edu/2013/12/dukepress, accessed 25 August 2015.

③ 诺丁汉大学向研究卓越框架提交的材料包括乔恩·麦格雷戈(Jon McGregor)的两部小说 *Even the Dogs* (2010)与 *This Isn't the Sort of Thing That Happens to Someone Like You* (2013),同时还有马修·韦尔顿(Matthew Welton)所著的诗集 *We Needed Coffee But ...* (2009)。

④ 《诺丁汉大学艺术人文学科研究卓越框架申报成果分析》(The Analysis of Research Excellence Framework Submitted Outputs for the Arts and Humanities at the University of Nottingham)列举了未向研究卓越框架提交的部分学术作品,比如诺丁汉大学艺术系主任史蒂芬·芒福德(Stephen Mumford)教授在提交至研究卓越框架的四部作品之外,还在牛津大学出版社出版了两本因果关系与形而上学主题的简明读本,以及一本有关体育运动的图书 *Watching Sport: Aesthetics, Ethics and Emotion*。

质图书正被搬离出图书馆——为研究阅读腾出新的空间——但它们无疑会在高校图书馆内长期占有一席之地。在 2014 年诺丁汉大学提交至研究卓越框架的艺术人文专著中，92% 被大学图书馆收录，而其中有 90% 以上是以纸质书形式购买的。

让我们再来看一看期刊在图书馆的生存空间。JSTOR①（Journal Storage）自 1997 年起开放。② 2012 年，诺丁汉大学处理了大部分可从 JSTOR 获取的纸质艺术人文类期刊。基于多年来的沟通以及对于 JSTOR 的高度信任，教职人员没有提出任何反对意见。不过仍有许多高校在使用电子替代方案的同时保留着书架上的纸质期刊。英国建立了研究储备资料库（UK Research Reserve, UKRR）以减少重复期刊资源，释放更多的书架空间，日后也许会涵盖专著。③ 关注 UKRR 所涉范围外的资料，如教学材料的淘汰版本、流行小说、索引、报纸，让我们得以进一步讨论更具争议的学术图书。对于大多图书馆人而言，学术图书的未来有赖于更广泛的国内外"主动协作"。④ 我们需要探讨长远的计划，迎接各种挑战，当前的对话无疑至关重要。

用于改善学生访问电子书渠道的投资正在不断加大，包括需求驱动型购买（Demand Driven Acquisition）、数据支撑式购买

---

① 对过往期刊进行数字化的非营利性机构。——译注
② R. C. Schonfeld (2003) *JSTOR: A History* (Princeton, NJ: Princeton University Press), p. XVi.
③ D. Yang (2013) 'UK Research Reserve: A Sustainable Model from Print to E?', *Library Management*, 34(4/5): 309-323.
④ B. Lavoie and C. Malpas (2015) *Stewardship of the Evolving Scholarly Record: From the Invisible Hand to Conscious Coordination* (Dublin, Ohio: OCLC Research), http://www.oclc.org/content/dam/research/publications/2015/oclcresearch-esr-stewardship-2015.pdf, accessed 25 August 2015.

(Evidence Based Acquisition)等新方案,或是向一年级本科学生免费提供电子书形式的核心阅读材料。① 在诺丁汉大学提交至研究卓越框架的专著中,有 40% 购买了电子书,21% 是纸质版电子版兼有,仅有 3% 的作品只有电子形式。这些电子书往往与纸质图书的阅读体验相似,但新型的数字学术图书很可能不再是拟物化的。② 就目前来看,短期内只会有一小部分学术图书仅以电子书形式呈现。

或许电子书并不能满足一切研究及阅读需求。它们甚至被形容为"永远无法令人满意的意义"的又一例证。③ 一些学者表达了阅读电子书的负面体验,称之为"让人头疼"或"极度痛苦"。他们声称"没人会想读这种鬼东西",并且抱怨道:"我从没像现在这么失望过,我们似乎可以无止境地购买电子资源,却一本纸书都不肯买。"④ 图书馆人是消除数字鸿沟的桥梁。⑤ 部分大学图书馆开始提供 3D 打印与 3D 扫描结合的服务。⑥ 如果人们偏好阅读纸质图书,那么新的印刷服务也许会应运而生。图书馆可能会提供以打印所有在线

---

① T. Dickinson (2015) 'Free Core E-Textbooks: A Practical Way to Support Students', http://www.cilip.org.uk/cilip/blog/free-core-e-textbooks-practicalway-support-students/, accessed 25 August 2015.

② T. Abba (2013) 'The Future of the Book Shouldn't Be Skeuomorphic', *New Statesman*, http://www.newstatesman.com/culture/2013/02/future-book-shouldnt-be-skeuomorphic/, accessed 25 August 2015.

③ K. Webb (17 July 2015) 'The Content That Never Contents', *Times Literary Supplement*, p. 19.

④ 摘自与诺丁汉大学学术书作者的近期书信往来。

⑤ A. Seyed Vahid and M. Alireza Isfandyari (2008) 'Bridging the Digital Divide: The Role of Librarians and Information Professionals in the Third Millennium', *The Electronic Library*, 26(2): 226-237.

⑥ 实例很多,比如拉德克利夫科学图书馆(Radcliffe Science Library):http://www.bodleian.ox.ac.uk/science/use/3d-printing/, accessed 25 August 2015.

学术图书为基础的服务,从而颠覆传统图书馆服务的发展:不是从纸质到数字,而是从数字到纸质。当下的图书馆人有必要了解学者自身的研究阅读需求和其学生的阅读需要,也有必要与出版社探讨各种形式学术图书的新平台、新格式的动态发展。

我们也越来越有必要将学术书作者作为图书馆的工作重心,并将学生视为未来的学术书作者。① 如果我们的学生——未来的作者——准备撰写一篇8万至10万字的有力论述,那么他们需要阅读同样长度的相关论述。图书馆以学术为导向并进行自我管理。它的驱动力来自学者的阅读与写作需求,以及研究与出版策略,所以学者与校内图书馆的联系至关重要。比如,在诺丁汉大学霍尔沃德图书馆的艺术人文区,几乎每一个书架上都会有几本在图书馆0.8千米范围内工作的学者的著作。不过,也有许多作者从不踏足图书馆,尽管他们就住在附近。这个问题又应当如何解决?有人提出将书籍封面或作者照片设为美学编码(Aestheticodes)②添置在书架两端,链接至学者介绍自己著作的视频。这样一来,作者便可在你浏览书架、阅读图书、谈论作品的间隙出现。让实体图书馆与数字化图书馆相连不失为一种激励学生书写未来学术图书的方法。

图书馆从业者正向着新形式的学术关系管理进发。③ 西蒙·本恩斯(Simon Bains)④提到了职能结构上的改变,即同一家高校图

---

① Department of Business, Innovation and Skills (June 2011) *Higher Education: Students at the Heart of the System*, https://www.gov.uk/government/uploads/system/uploads/attachment_data/file/31384/11-944-higher-educationstudents-at-heart-of-system.pdf, accessed 10 September 2015.

② http://aestheticodes.com/,以更具视觉吸引力的方式呈现的互动性二维码。

③ T. Brabazon (2014) 'The Disintermediated Librarian and a Reintermediated Future', *The Australian Library Journal*, 63(3): 191-205.

④ 阿伯丁大学(University of Aberdeen)图书馆长。——译注

馆内研究参与团队与学术参与团队的分化。① 在这种变革环境下工作,需要对各种未来可能性保持灵活开放的态度,并积极适应新的态势。② 安娜·R. 肯尼(Anna R.Kenny)③是这样描述这种挑战的:

> 图书馆负责人能否通过集思广益解决问题,创造生产新的知识与意识,从而在加强人际互动的过程中发挥关键作用?负责人能否提供关键的人力支持与涉及技术、学科、阶级、社会规范以及制度文化背景的信息,使得图书馆成为校园活动的中心?④

对于图书馆人而言,近年来开放获取模式一直是战略性参与的基础。图书馆一直作为"坚守阵地的领头人引导"着学术交流中的"变革","积极参与着校园学术活动"。⑤ 部分图书馆发展了"关系传播"(relational communications)⑥与学术对话(scholarly conversations)⑦

---

① S. Bains (2013) 'Teaching "Old" Librarians New Tricks', *SCONUL Focus*, 58.

② B. Mathews (2014) 'Librarian as Futurist: Changing the Way Libraries Think About the Future', *Portal: Libraries and the Academy*, 14(3): 453–462.

③ 康奈尔大学图书馆长。——译注

④ A. R. Kenney (2015) 'From Engaging Liaison Librarians to Engaging Communities', *College & Research Libraries*, 76(5): 386–391.

⑤ K. J. Malenfant (2010) 'Leading Change in the System of Scholarly Communication: A Case Study of Engaging Liaison Librarians for Outreach to Faculty', *College and Research Libraries*, 71(1): 63–76.

⑥ M. Vandegrift and G. Colvin (2012) 'Relational Communications: Developing Key Connections', *College & Research Libraries News*, 73(7): 386–389.

⑦ A. M. Wright (2012) 'Starting Scholarly Conversations: A Scholarly Communication Outreach Program', *Journal of Librarianship and Scholarly Communication*, 2(1): 1–9.

策略或利用"开放获取周"(Open Access Week)这样的活动"在校内学术交流方面发挥领导力"①。政策的变化与调整②也为沟通提供了更多机会。英格兰高等教育基金委员会制定的开放获取期刊政策及相关会议文献很有可能得到极大的响应。尽管诺丁汉大学提交至研究卓越框架的著作均无法应用于在线印刷,但未来所有专著能够逐步实现开放获取③,其中很大一部分还会在2026年的研究卓越框架开始前收录进英国的机构知识库(institutional repository)。图书馆目前面临的挑战之一是如何将开放获取成果与发现平台的索引内容整合为一体。图书馆负责学术参与的高层可以关注重要的教职人员战略性交流,共同探讨学术图书的未来、出版社政策变化、第三方授权许可,以及各种新形式,如开放获取专著、纳米出版物(nanopublication)、图书相关研究数据等。

与学术图书作者共事可能会遇到各种难题,我们需要彼此合作。④ 伊莎贝尔·西尔弗(Isabel Silver)⑤介绍了校园图书馆如何通

---

① P. C. Johnson (2014) 'International Open Access Week at Small to Medium U.S. Academic Libraries: The First Five Years', *The Journal of Academic Librarianship*, 40(6): 626-631.

② Higher Education Funding Council for England (2015) *Open Access in the Next Research Excellence Framework: Policy Adjustments and Qualifications*, http://www.hefce.ac.uk/media/HEFCE, 2014/Content/Pubs/2015/CL202015/Print-friendly%20version.pdf, accessed 25 August 2015.

③ 德古意特(De Gruyter)出版社出版的艾伦·H. 索默斯坦(Alan H. Sommerstein)、伊莎贝尔·C. 托兰斯(Isabelle C. Torrance)所著的《古希腊誓言研究》(*Oaths and Swearing in Ancient Greece*)便可通过知识解锁及OAPEN获取。

④ S. Abram and J. Cromity (2013) 'Collaboration: The Strategic Core of 21st Century Library Strategies', *New Review of Information Networking*, 18(1): 40-50.

⑤ 佛罗里达大学图书馆员。——译注

过"佛罗里达大学作者"(Authors@UF)项目提供新型的外展服务，与高校学者直接合作，助其发表研究，使得图书馆成为战略性互动参与的核心。① 不过，图书馆人也需要获得外界支持。米拉姆·波斯纳(Miriam Posner)②便指出了图书馆员在与学者协作的过程中面临的共性挑战与困难。③

图书馆从业者可以通过战略性地融入学术社群在学术图书的未来之路上发挥作用。更重要的是，图书馆需要将学术书作者置于中心地位，并将学生视为未来的作者。我们必须进一步了解如何建立有效的战略性对话以优化数字学术成果以及未来的学术交流。艺术与人文研究理事会和大英图书馆共同合作的"学术图书的未来"项目，包括由各种对话衍生而成的本论文集，充分展现了这种协作的复杂程度与价值意义。

---

① I. Silver (2014) 'Authors @ UF Campus Conversation Series: A Case Study', *Public Services Quarterly*, 10(4): 263-282.
② 加州大学洛杉矶分校信息研究系助理教授。——译注
③ M. Posner (2013) 'No Half Measures: Overcoming Common Challenges to Doing Digital Humanities in the Library', *Journal of Library Administration*, 53: 43-52.

9 学术图书馆与学术图书：
文化延续的载体与文化变革的媒介

凯特·普赖斯

摘要：学术图书能够深刻影响人类看待世界、彼此交流的方式，在文化变革中发挥重要作用。学术图书馆则负责提供各种信息，为世世代代的思想所用，在文化延续上发挥重要作用。本章的观点认为未来的学术图书或许会进化至全然不同的形态，但图书馆人的使命仍是继续推动创新与协作，免费提供所有形式的图书，无论社会现实或科技发展如何变化。

关键词：电子书；数字化存储；图书馆业；文化；职业道德

本章讨论的是学术图书在学界外、文化中的意义，以及随着书籍迈入下一发展阶段，学术图书馆及其工作人员应如何考察、理解这种意义。

《牛津英语词典》(*Oxford English Dictionary*)将文化定义为"特定国家、社会、民族或时期的独特思想、风俗、社会习惯、产物或生活方式"①。无论是传统的纸质印刷教科书、学术专著或参考工具书,还是具有互动、协作、社交功能的更灵活的数字产品,学术图书都蕴含着深刻的知识,并在渴望获得它们的人群中传播,从而成为文化传承的有力载体。不过,学术图书的变革也引发了不少有关图书与图书馆未来作用的探讨。

学术图书:文化变革的媒介

相较于期刊文章、会议论文等其他学术话语形式,学术图书的本质在于对某一特定话题进行深入而有力的探讨。图书也更适合非专业读者,因为作者能有足够的空间详尽解释,在单一作品中从基础知识过渡到复杂内容。因此,无论放眼全社会还是仅限于学术界,书籍都是新思想的重要传播者。

优秀的学术书作者会将新旧数据与观点整合为令人信服的作品。读者消化书中的事实与概念,并形成某种认知。这些事实与概念从而转化为普遍意义上的知识,甚至最终改变世界。个人层面的受益尤为明显:作者的学术威望上升,或者获得晋升;学生可以在研讨小组中发表新的看法;医生或许会发现新的药物方案并将其用于治疗病人;普通人可能受到启发,前往历史遗迹进一步了解某个主题。

不过,学术图书的意义其实更加深远,它们能够在文化层面引

---

① *Oxford English Dictionary* (2015) 'Culture, n.' in *OED Online* [database] (Oxford: Oxford University Press), accessed 22 August 2015.

发变革。仅以以下作品为例：牛顿的《自然哲学的数学原理》（*Principia Mathematica*）、达尔文的《物种起源》（*Origin of Species*）、马克思的《资本论》（*Das Kapital*）、格里尔①的《女太监》（*The Female Eunuch*）、卡逊②的《寂静的春天》（*Silent Spring*）深刻改变了我们对于物质宇宙力学、人类起源、资本主义经济对社会的影响、两性关系、人类造成的环境影响的认知。

值得注意的是，这些文字从来都不是独立存在的。每一位作者都会参考数百年来的既有书面论述，同时也与当代的思想进行碰撞。读者会在书籍出版后在学术及公共领域加入相关讨论。每个文本都是贯穿古今的知识网络上的节点，跨越了社会与地理上的界线。随着时间过去（再加上图书馆的收藏工作），这些文字经受住了巨大争议与强烈质疑，成为当今文化态度的奠基石。

在数字时代，大众比以往更容易获取学术文本，学术文本也相应更容易对文化社会产生直接广泛的影响。现在的作者可以通过各种渠道发表传播自己的思想，包括无须读者付费的开放获取模式。现在的读者也可以在单一数字出版物中同时看到此书的评论及引用，或是通过社交媒体得知某一本书的存在，并即刻将之全文下载至自己的移动设备上，或者订购一本几小时内便会送达的纸质版。在线论坛为读者与作者提供了讨论话题的空间，并且能够迅速吸引越来越多的受众。

尽管数字发展为获取图书提供了便利，但某些限制仍然存在。试图控制大众观念行为的政府及政治团体从未忽视学术图书的文化影响力。历史上，禁止、销毁图书或取缔图书馆在各种文化背景

---

① 杰曼·格里尔（Germaine Greer，1939— ），澳大利亚女权主义作家。——译注
② 蕾切尔·卡逊（Rachel Carson，1907—1964），美国海洋生物学家。——译注

下都是一种施加正统宗教政治信仰的手段。而在没有实体图书可以清除的数字时代,政府可以通过禁止访问公共互联网来限制数字图书内容的获取,比如朝鲜。①

出于政治原因禁止访问学术图书是极端的案例,但数字时代公众获取学术内容的方式仍然面临着许多其他挑战。个人的经济困难、地方或国家对数字基础设施的有限投入、稀缺的本地语言数字图书内容、人性化电子书界面的不足、图书格式及商业模式的不稳定性、内容上的暂时性、数字文本互联的缺失、不同国家知识产权法的差异性都对人们通过新媒介获取学术图书造成了现实的障碍。

与此同时,一些社会性问题也会导致读者无法充分利用可访问的丰富文本内容,例如:老年人群体不擅于使用数字媒介②;大英图书馆的"未来研究人员的信息行为"(Information Behaviour of the Researcher of the Future)项目发现以"滑过""跳过"等行为表现为代表的在线文本阅读参与度较低③;尼古拉斯·卡尔(Nicholas Carr)④在《浅薄》(*Shallows*)中也指出了人们倾向于获取"碎片化"的在线音

---

① M. Sparkes (23 December 2014) 'Internet in North Korea: Everything You Need to Know', *Daily Telegraph*, http://www.telegraph.co.uk/technology/11309882/Internet-in-North-Korea-everything-you-need-to-know.html, accessed 4 September 2015.

② 最近的一项研究表明"44%的65岁以上美国人不会上网,并在不上网的总人数中占比49%"。K. Zichuhr (2013) *Who's Not Online and Why* (Washington, DC: Pew Research Center), http://www.pewinternet.

③ I. Rowlands, D. Nicholas, P. Williams, et al. (2008) 'The Google Generation: The Information Behaviour of the Researcher of the Future', *Aslib Proceedings*, 60(4): 290–310.

④ 专注于科技、经济、文化领域的美国作家。——译注

视频内容①。

经济拮据、生活在欠发达地区、不会说英语、不擅长使用在线媒体或以往很少接触长篇作品的读者将来或许更难以获取学术图书。

信任与质量问题同样不容小觑——读者可能对不熟悉的品牌缺乏信任，也可能对压力集团（pressure group）②为了强化既有偏见或利用目标受众的弱点而生产的内容过分信任。

未来的挑战还可能来自学术图书话语的多样性与无常性。如果我们有必要通过阅读引文的上下文出处来重构论述的逻辑，有必要追溯某个思想的准确源头，那么当未来的社交媒体内容不断变化，甚至快速消失时，我们应当如何进行回溯和引用？

学术图书馆：文化延续的载体

与学术图书共命运的学术出版社也在互联网革命及随之而来的社会变化过程中面临着巨大的机遇与挑战。

两千年来，图书馆（包括国家图书馆、高校图书馆、学会图书馆以及博物馆下属图书馆）一直在系统化的学术图书收藏存储方面发挥着关键作用，并作为文化延续的载体，与文化变革的媒介——学术图书相辅相成。

学术图书馆也是行业的先驱者，是最早利用网络信息传播功能的大型机构之一，即提供在线公共访问书目及在线摘要与索引服务，例如位于伦敦政经学院（London School of Economics）的英国政

---

① N. G. Carr (2010) *The Shallows*: *How the Internet Is Changing the Way We Read*, *Think and Remember* (London: Atlantic Books).

② 向政府和公众施加影响的社会团体，如行业工会、环保组织等。——译注

治经济图书馆(British Library of Political and Economic Science)在1989年至2010年期间出品的国际社会科学书目(International Bibliography of the Social Sciences，IBSS)。然而，在过去的20年里，身为学术信息提供者的图书馆的中心地位因为迅速发展的网络服务——如谷歌、维基百科、Mendeley① 等无需图书馆目录便可提供学术文本的便利渠道——陷入质疑。这些服务以及开放获取等新型运营模式令未来的学术图书大有可能完全脱离图书馆藏的概念。如果这种预想成为现实，那么对于文化延续性来说又意味着什么？

学术图书馆的定义之一是通过一系列的选择、归类、实体或虚拟整合、库存管理工作建立结构性的图书馆藏，并保证其质量能够满足特定受众的需求。换言之，馆藏策划是决定保留书目并将书目的可见性最大化的过程。

未来的学术图书将实现高度的网络化，馆藏的制定似乎显得无关紧要，因为图书的实际所在不再重要，读者可以从作者或出版社的网站直接获取想要的图书。不过，合理有益的馆藏策划对于文化延续性来说仍然是必要的，因为原生数字信息几乎一经创建便有丢失的风险，尤其是在这些信息包含的社交媒体元素或相关访问技术已经过时的情况下（比如光盘）。除此之外，不加区分地保存流动数字文本的每一次迭代也会难以在未来重构文本的核心含义。

为了保证人们能够长期访问未来学术图书及相关话语的基本信息与内涵，图书馆需要在内容被创造出来的那一刻决定具体保留哪些要素，并将之存储在可信的资料库内。目前还没有适用于所有新型数字作品（特别是没有经过既有出版流程发表的成果）的系统化方法，我们无法保证所有内容能在未来被发现，无法通过凌驾于

---

① 一款免费管理文献的软件。——译注

时间的渠道稳定新作品在学术文化语境中的位置。

某些出版社会将内容置于 Portico、CLOCKSS 等暗存储服务 (dark archiving service)系统以长期保存数据,并将文本存放在国家图书馆。互联网档案馆(The Internet Archive)及 HathiTrust 也提供保存数字图书的服务。开放获取图书目录(The Directory of Open Access Books, DOAB)整理的是以开放获取形式出版的同行评议学术图书,从而起到了质量控制的作用。CrossRef 则是在线作品链接的信息交换中心。欧洲图书馆与美国数字公共图书馆(Digital Public Library of America, DPLA)等虚拟在线馆藏展示了可能保存于私人机构的数字化项目成果。联机计算机图书馆中心(Online Computer Library Center, OCLC)旗下的 WorldCat 服务旨在提供最完整的全球化图书目录。以上部分服务之间存在着重叠或互补,让不断变化的馆藏问题显得错综复杂,缺少总体的解决方案。不过,开发监管这些服务的组织仍为我们提供了与个人作者、机构、出版商利益无关的管理模式可能性,让我们得以在此基础上构建系统化的未来馆藏决策服务。

值得注意的是,尽管以上举措并没有以某个学术图书馆冠名,但它们试图解决的都是学术图书馆员关心的问题,并将通过图书馆人与其他专业团队跨机构、跨领域的协作进一步发展。图书馆从业者的职业道德与价值观便至关重要。举例来说,英国图书馆与情报专家学会(The Chartered Institute of Library and Information Professionals, CILIP)的职业道德准则就强调"对公共利益的关注……包括尊重社会多样性及促进平权的实现"[①]。正如哈佛大学

---

① CILIP (2004) 'Ethical Principles', CILIP website, http://www.cilip.org.uk/cilip/about/ethics/ethical-principles/, accessed 22 August 2015.

名誉图书馆长罗伯特·达尔顿(Robert Darnton)在对美国数字公共图书馆的寄语中提到的："还有比为全人类保留文化遗产更理想化的事业吗？"①

如此的职业价值观让更多读者得以在线获取学术图书，也促使图书馆人在开放获取、出版物使用技术限制、残疾人的文本访问等许多焦点问题上保持强硬的立场，向作者与出版商提出更高的要求。这样的职业价值观是开放包容的文化的产物，从业者通过传达现在及将来的读者的声音，更使这种文化得到延续。

人人有权获取信息的公平性需要用于新信息的设备支持才能实现。伦敦国王学院在六所图书馆里免费提供了近200台笔记本电脑，便于无法负担个人数码设备的读者借用②，曼彻斯特大学图书馆的"我的学习必备"项目③为学生与研究者提供了自主学习材料，助其评估图书的质量与相关度。图书馆通过种种方法帮助读者充分吸收学术图书的内容，确保图书所包含的知识与意义始终是文化大环境中必不可少的一部分。

---

① R. Darnton (2013) 'The National Digital Public Library Is Launched!' *The New York Review of Books*, http://www.nybooks.com/articles/archives/2013/apr/25/national-digital-public-library-launched/, accessed 22 August 2015.

② Library Services, King's College London (2015) 'Laptop Loans for Students', http://www.kcl.ac.uk/library/using/loans/laptops.aspx, accessed 22 August 2015.

③ University of Manchester Library (2015) My Learning Essentials, http://www.library.manchester.ac.uk/services-and-support/students/support-for-yourstudies/my-learning-essentials/, accessed 4 September 2015.

结语

学术图书与学术图书馆在创造、改变、延续文化与社会方面发挥了重要作用,影响着人们理解世界、彼此交流的方式。尽管新形式的沟通交流、信息提供、文化表达可能会撼动图书与图书馆的地位,但更有可能的是,两者皆会继续发展以应对各种挑战。

在变革的过程中,图书馆员会是未来学术图书作者及出版商的重要伙伴,加强作者与出版社对于文化根本问题的认识,合作确保连接过去、现在与未来的知识网络能不断地为后代提供参考,图书馆人将始终是我们的知识、文化、创意遗产保管人。总而言之,图书馆的使命是为每一个人免费提供所有形式的图书,传授善用这些图书的方法,因此我们有理由相信,学术图书馆将永远是文化延续的载体。

第四部分

销售链

10 贩卖文字：
图书销售的经济史

亚基·霍克

摘要：本章总结了文字、读者、出版社、书店、法规之间的经济关系，强调消费市场经济学对于未来学术图书的影响。作者认为文字的市场需求是全球化的，纸质书与数字产品、开放获取与商业出版将不再泾渭分明。本文将通过过去、当下以及未来出版经济的案例研究阐明线上线下图书销售、阅读、出版的经济学，并指出由个人选择决定而非出版商主宰的市场将决定未来的文本形式。

关键词：出版；创新；电子书；经济学；开放获取；可访问性；实体图书；市场；数字文本；图书销售；消费者；需求；选择；阅读

　　　　　我是靠文字谋生的。语言是交流的通用货币,尽管比起你们,我与文本之间的财务关系或许更加直接(即使我不像狄更斯那样写字赚钱而是卖书盈利),但不可否认的是,我们所有人在文字贸易中有所投资。这种市场与消费者之间的关系以及供求平衡问题,便是本章将要讨论的内容。

　　学术图书及其传播平台是图书销售市场中变化最快也最大的部分。如今的学术文本包括印刷纸质书和在线数字学习内容,也包括开放获取期刊和经过同行评议的博客文章,有的文字固定不变,有的文字灵活可动。有些学术资源甚至不是文字形式,比如由文本转换成的语音、图像、声音或视频。此类资源的交换是学术出版的基石,并与各种出版形式同步发展。目前,出版物可能作为研究计划的一部分在源头获得相关机构或作者本人的资助,也可能通过出版后的采购获得经费。

　　无论是什么文本,无论它的经费来源、创作渠道是什么,对于书商而言,决定某个项目成败的最主要因素是市场的反应,这种反应可以是销售数也可以是阅读量。事实上,正是商业或开放获取模式下的市场、文字消费者、读者以及他们的经济需求塑造了学术图书的未来。

　　大多数人的学术生涯总是不免受到出版的压力["发表或毁灭"(publish or perish)]。① 由于教职与出版物挂钩,许多人将撰写或改写期刊论文视为目标,引用数据也成为学术简历的必要注脚,甚至委托创作也可能没有酬劳。鉴于与日俱增的文章发表量,在期刊上

---

① C. Cerejo (2013) 'Navigating Through the Pressure to Publish', *Editage Insights*, http://www.editage.com/insights/navigating-through-the-pressure-to-publish/, accessed 4 September 2015.

平均花费70%采购预算(这也是大部分期刊销售量的来源①)的图书馆不得不考虑削减支出。期刊出版商很快转移到了数字出版的阵地,但购买数字文本的图书馆也出现了需求不平衡的现象,比如部分文章被大量阅读,另一些作品却无人问津。② 当学术图书馆员在谈及数字出版时,他们通常会提到以下两个主要问题:期刊捆绑与双重收费。在如今的市场上,数据已经揭示了消费者的选择,用户主导的购买成为采购的标准,传统出版社只能试图通过这些举措最大化自己的份额。因此,面向图书馆的期刊销售不可避免地有所减少。如此一来,在无法减轻出版压力的情况下,传统出版社出版数字或纸质学术图书的经济能力不断下降。

产品膨胀、市场萎缩,再加上持续存在的出版压力,期刊市场率先创立开放获取模式便是意料之中的事情。1996年,24%的论文是以在线开放获取形式发表的。到了2014年,这一数据在欧洲立法与政府及行业资金的支持下上升至50%。③ 免费的访问渠道推动了学术作品的发展(参见《海牙宣言》④),让人误以为新兴出版社支持下的在线期刊出版市场将无限扩张。事实并非如此。传统期刊出版

---

① Publishers Communications Group (2015) *Library Budget Predictions for 2015*, http://www.pcgplus.com/wp-content/uploads/2015/01/Library-Budget-Predictions-for-2015.pdf, accessed 7 August 2015.

② E. Archambault, D. Amyot, P. Deschamps, A. Nicol, F. Provencher, L. Rebout and G. Roberge (2014) *Proportion of Open Access Papers Published in Peer-Reviewed Journals at the European and World Levels 1996 – 2013*, http://science-metrix.com/files/science-metrix/publications/d_1.8_sm_ec_dg-rtd_proportion_oa_1996-2013_v11p.pdf, accessed 7 August 2015.

③ J. Priem, D. Taraborelli, P. Groth and C. Neylon (2010) *Altmetrics: A Manifesto*, http://altmetrics.org/manifesto/, accessed 4 September 2015.

④ LIBER (2015) *The Hague Declaration on Knowledge Discovery in the Digital Age*, http://thehaguedeclaration.com, accessed 7 August 2015.

需要可持续发展的市场，在线出版也不例外。具体的指标可能有所不同，比如在线出版的收入来自出版前的付费以及图书馆的订阅，经济上的成功是用点击率而不是销售量来衡量的，但这样的市场仍然会受到供需机制的影响。面对当前迅猛发展的在线市场，编辑们对内容以及创作者有着迫切的需求。随着市场进一步成熟，财务可行性与投资效益将成为出版物的衡量标准，与此同时在线教育也进一步发展，越来越多的学生与学者倾向于获取单篇文章而不是整本期刊，作者们不仅需要接受同行的审阅，还会面临全球读者的选择。需求必将支配内容，我们甚至可以设想，文本将不再由同行评议评判，而是受制于类似约会网站的"滑过与点赞"模式。没有点击，没有销售或投资回报，便没有出版合同。在这种充满挑战的环境下，我认为我们早就应当开始审视出版的初衷了。

多年来，传统图书出版商始终在自问：**为什么出版**？答案是，尽管人们可以通过合法的开放获取渠道与种子文件下载资源，但读者仍然在购买图书。而对于书商来说，学术图书这种旨在指导学生读者（学生的定义可以十分广泛）、针对特定主题或概念进行的长篇论述一直是图书贸易的核心。

每一年我都会联系教职人员，与他们讨论本科生及研究生的阅读书目。我会策划、发行新书，也会深入研究各种书目。我见证了高校教师改进跨学科、跨平台的文本教学方法，与编辑及软件开发者讨论，探索数字教育和社交媒体的用途，与学生深入交流。我也见证了各种创新项目在不断变化的市场中的成功与失败。当下的时代里，学生可以即时进行反馈，技术发展日新月异，改变可以通过随处可见的销售数及阅读量量化，同时也更加难以预料。消费者的反馈并不一定指向他们的选择，而出版商的创新也并不总能满足读者的需求。

学生的反馈意见表明,他们希望以低廉的价格(最好是免费)、简便的渠道获取文本。① 英格兰及威尔士的大学会通过学杂费补充本科生教育支出,学生的意见也进一步推动了高校资助电子书以及开放获取教科书、期刊的发展。出版社对此的回应则是开发专用的学习平台以及互动文本。然而与此同时,学生读者的实际情况大有不同。牛津大学出版社的约翰·凯利(John Kelly)指出,在2014年,同时持有电子书、纸质书的学生中仅有6%会阅读电子书,同时持有电子书及附加数字资源的学生中仅有35%会两者都使用。② 讽刺的是,35%恰恰是我预期在没有数字文本的情况下,会购买纸质教科书的学生的比例。即使是在必须使用数字资源的课程中,也会有4%的学生从不查看相关资源。在爱丁堡,有两门主要课程在学生的反馈下开始使用开放获取文本。但在2013年及2014年,仍有25%的学生自愿购买了他们能够免费在线阅读的教科书纸质版。③

过去十年里,许多传统出版商及初创公司都在开发新型模式,以为系统化的文本使用融资。在美国市场上,教科书定价为出版社带来的回报以及学生相应付出的费用远高于英国[参见"科特桑诉约翰·威利父子出版公司"(Kirtsaeng v. John Wiley & Sons, Inc.)一案④],因此与期刊出版业类似,这种经费上的限制进一步导致了开放获取市场的扩张。开放获取模式似乎为学生提供了完美解决

---

① Student feedback panels, The Academic Professional and Specialist Group Conference (Booksellers Association) 2013, 2014, 2015. 最新项目可参见 www.booksellers.org.uk, accessed 10 July 2015。

② J. Kelly (May 2015). 出版社内部报告,出自与亚基·霍克的谈话记录。

③ J. Hawker. 出自布莱克维尔出版社内部销售报告。

④ Supreme Court Kirtsaeng v. John Wiley & Sons, Inc., http://www.supremecourt.gov (home page), accessed 7 August 2015。

方案。老师与学生可以在所选平台的规定范围内免费获取文本,不受版权限制。然而总会有不同意见。"我不喜欢这些内容,"一位讲师告诉我,"我的学生们想要免费教材,但这些内容不是我想要教的。"拥有 2 650 万美元启动资金的开放获取出版商扁平世界(Flat World)在最初的五年里坚持为学生提供免费教材,2012 年开始收费,而在此之前,它们已经在向教师访问者收费。① 布克布(Bookboon)出版社则是利用网络上的公版文本编纂教材,并贴心承诺"广告内容不超过 15%"②。我曾向 OpenIntro 的作者兼出版人大卫·迪茨(David Diez)咨询他如何为自己的开放获取教科书的纸质版筹措经费,对方笑着答道:"大多都是义务劳动罢了。"许多开放获取教科书纸质版的定价令人感到不安,远高于传统教科书的价格。不要忘了全程使用数字学习平台的学生中仍有 25% 的人会使用印刷文本,也不要忘了 80% 的青少年会优先购买纸质图书而不是电子书。③

以我在教科书市场多年的经验来看,近五年最成功的创新产品莫过于纸质书、电子书的捆绑销售以及课程定制出版物。此类出版物的销售额可比传统出版物高出 200%。纸质书与电子书的捆绑销售以灵活性、便携性及极具竞争力的价格为学生提供了额外的选择,对于那些将教科书费用加入学费的大学来说尤其如此。具有专用文本的定制教科书对于教师而言也尤为有益,尽管在被特定卖点

---

① D. Lederman (2012) 'Fleeing from "Free"', Inside Higher Ed, https://www.insidehighered.com/news/2012/11/05/flat-worlds-shift-gears-and-what-itmeans-open-textbook-publishing/, accessed 7 August 2015.

② Bookboon blog (已有 600 余种开放获取教科书), http://bookboon.com, accessed 7 August 2015.

③ E. Drabble (16 December 2014) 'Teens Prefer the Printed Page to Ebooks', Guardian, http://www.theguardian.com/childrens-books-site/2014/dec/16/teens-ebooks-ereaders-survey/, accessed 7 August 2015.

约束的学生中不那么受欢迎。两种选项都可以配备专用课程资源，虽然资源与所教课程的相关度可能各有不同。①

近年来有所发展的另一项创新是由某一课程的教师与学生共同定制教科书。项目成果既可以是纸质书也可以是数字化产品，并且往往会同时涉及互动媒体及固定文本，这样的教科书通常能够即时囊括特定研究领域的最新发现。

以上成功案例的共性是它们都通过多种媒介进行创作，至少在两个不同平台上具有可用性，包含高度个性化的内容。它们的设计面向的是主动式而非被动式阅读，能让学生在学习平台、社交媒体以及课堂上与文本和教师进行互动。这些共性显然不一定适用于所有学术图书，但我由衷希望这些创新举措能不仅被高利润的学生市场采纳，而且普及至广义的学术出版领域。

于我而言，未来学术图书的根本问题不是"它是什么样的？"而是"它是否能卖出去？"。五年前的我绝对不会想到，我所供职的学术书店 2015 年的主要收入来源仍然是纸质教科书的销售，数字图书仅仅是一种补充而非替代品。现在的我开始好奇，到了 2020 年，学生与学者是否仍然倾向于选择纸张而不是数码。我看似在声援传统纸质图书，但实际上我想说的是，人们总是容易被技术革新的闪光之处吸引，却忘记考虑读者的需求。而读者真正想要的是选择权，无论是选择学习的内容还是课本的形式。

我希望当今的学术出版社能够同时以数字和纸质的形式修订再版教科书，为经典版本提供适用各种设备的在线教学资源，或者组稿一本特殊研究领域的新书，展示全新的权威解读。我希望出版

---

① I. Lapowsky (2015) 'What Schools Must Learn from LA's iPad Debacle', *Wired*, http://www.wired.com/2015/05/los-angeles-edtech/, accessed 7 August 2015.

社提供的内容能包含前沿研究，并随时更新在线及纸质版本。我希望自己阅读的文本是可搜索的，也能将自己的藏书收纳进手掌大小的设备中，让我在浴缸里也可以阅读。我希望在手指划过书架时，就能回忆起自己在何时何地购买了喜欢的图书、偏爱的版本。我希望通过社交媒体或在书店里当面与文字、作者、出版商互动。我还希望其他读者能够表达不同的需求，而作为书商，我希望自己有能力满足这些需求。

我用了大量篇幅讨论由消费需求驱动支撑的市场，以及在我看来这样的市场——读者的选择与偏好将会如何影响未来的学术内容。不过，一个全球化的市场及消费文化远不止如此，经济不是重点，社会影响力才是巨大的，而我坚信并期望这将推动未来学术文本的发展。并不是每一位消费者都能获取印刷文字。文字转换语音、可变的文本屏幕显示、无障碍文本、字体与背景、取代文字的可视化说明、淘汰表格数据的动画描述都是从经济尚不繁荣的市场中诞生的创新发明，但终有一天这样的市场会变得强大。教育已经成为国际化的事业，对无障碍文本的需求将会持续增长，用于开发及出版的资源也会越来越多。在学术内容创作者面前的所有选项中，在阅读体验的所有可能性里，这种市场仅仅是我个人眼中的理想未来。

在我看来，未来的图书应当是兼容并包的，能够通过不同平台、多种格式获取。无论收入来自出版前还是出版后，我希望每本图书在财务上都具有可行性。不管是网络书店还是校园书店，尤其是成功的书店，都面临着艰难的选择困境。如果一本书没有销路没有市场，那么你就不会在我们的书架上看到它。随着开放获取文本的发展以及学习平台的开发，再加上按需印刷业务以及定制出版物的出现，我们很容易认为未来文字的可能性是无限的。或许的确如此。

但我始终坚信，正如书店的选择由消费者决定，无限的可能性也将由市场创造、影响、实现。于我而言，在生产文字的过程中，读者的个人选择与经济实力与出版商的作用同等重要，无论何种形式的文本产品都将由读者决定它的成败。

幸运的是，我们每个人都是读者。

11 学术图书的未来：
书商扮演的角色

彼得·莱克

摘要：在教学课件方面，高校、教师、学生面临众多选择，这些选择既是传统教科书的补充，也有可能是替代品。未来的校园书商会提供最佳的发现、交付、评估工具以帮助师生最大化地利用教育资源。书商也会继续为学生提供零售服务，但与此同时，他们的商业模式将进一步发展，更加依赖来自高校的服务与软件收入。

关键词：发现；服务；交付；教科书；教育资源；课件；评估；软件；书商

如今,全球的高等教育需求达到了前所未有的高度并将在未来的几年内持续增长,但一直以来作为本科课程必需品的教科书呈现颓势。学生数量上涨,各种形式的教科书销售量却在下降,难以发挥其辅助指南或学科导读的传统作用。高等教育需求的增长以及互联网社会对教育方式的影响意味着学生与教师拥有比以往更加丰富广泛的教育资源(本文将统称为"课件")以支持课堂教学与学生发展。本章将重点关注本科生教科书这一长久以来校园书商的主要产品。在高校与学生本人开始接受新型授课方式、使用新型课件的情况下,未来这些书商会扮演什么样的角色?

教科书的颓势其实是意料之中的。网络社会对传统内容提供商并不友好。音乐、电影、报纸、图书产业都纷纷受了影响,消费者变身生产者,通过文件共享服务上传音乐,在 YouTube 上分享视频,用维基百科传播知识,在社交媒体上获取并扩散新闻。许多老牌企业遭受冲击,新兴数字公司加入竞争,而出版商则开始反思自己的经营模式与价值定位。

或许意料之外的是相比商业、金融领域已被在线数据解决方案取代的专业图书,教科书的表现仍然可圈可点。一部分原因是教科书的本质是为某一主题提供结构清晰易于使用的指南,另一部分原因则是教师对于改变既有课程教学方式总是保持着谨慎的态度。

但随着一些主流趋势对高校授课方式产生影响,这一点也正在改变。首先,高等教育需求的增长使传统大学模式受到挑战。全球范围内,25—34 岁年龄段的高等教育入学率仅略低于 40%,而 55—64 岁年龄段的比例为 25%,数据增长主要来自亚洲等新兴市场。尽管有新的大学涌现,但传统的大学模式仍然无法满足增长的需求,因此基于数字平台的远程学习正在加速发展。

与此相关的是慕课的强劲表现,其中一些还具有学分功能。超过 600 万名学生在慕课上注册，在线学习知名教授的课程。这不仅是高等教育需求增长的结果，也是课堂录像（lecture capture）、直播、视频点播等核心网课方式的潜力展现。另一个趋势是翻转课堂（flipped classroom）与混合学习（blended learning）的发展，授课可以在教室之外进行，教师的传授被弱化，分组讨论成为重点。学生通过观看在线讲座、参与网上讨论、阅读推荐书目进行课外研究。商业出版社的教科书仍占有一席之地，但除此之外还有开放获取教科书、慕课、在线讲座以及讲师自制教材等其他资源可供选择。除了各种视频资源外，网络游戏也对内容的呈现及体验方式产生了影响，以文本挖掘为基础的自动化纸质资料生产更在兴起。很显然，教学课件的形式将是多种多样的，也将由不同商业模式下的供应商提供。

教科书地位的削弱的另一层原因是，出版商正竞相以数字服务取而代之。这些新型服务融合了传统的教科书内容与自适应学习技术、嵌入式测试考核和作业功能、个人文件夹与记录簿，以及协作型学习工具。此类服务在美国应用广泛并获得了不错的反响，体现了个性化教育方式为学生及教师带来的益处。

那么，如果校园书商无法继续销售大量教科书，未来应当如何转型？过去，校园内的书商一直为学生提供零售服务，与教师一起筛选采购最合适的学习资源。这种运营模式需要改变。零售模式仍会存续，但面向学生的商品及服务范围将会越来越广。不过，新型教学课件的数字化转变令某些校园内的零售业务难以盈利。总体而言，书商的重点将转移至向高校提供服务、软件与解决方案。在部分国家，这种转型已然完成。

这种转型分为三个方面：学习资源管理服务、数字内容交付平台、数据分析服务的投资与开发。而在这三者背后的共识是单一供应商或单一服务仅能满足目前高校课程资源需求的极小部分。教师与高校会通过多种渠道获取资源，而校园书商的作用则是与学校合作筛选资源，对其进行部署整合并提供评估工具。

学习资源管理是高校发展的关键推动力，这将使不同供应商、多种形式下的资源与自制产品融为一体。书商正通过诸如巴恩斯与诺布尔的 College's Faculty Enlight、亚马逊的 CourseMaterials 工具、福莱特(Follett)的 Faculty Discover 等服务协助高校发现并筛选资源。尽管以上服务主要针对教科书，但适用范围已扩大至慕课、开放获取教育资源、YouTube 视频等，也允许教师上传自己的材料。不久的将来，所有课件会被涵盖其中，教师也能够在发现资源的过程中看到其他机构正在使用的课件并与之交流建议、分享经验。除了发现与筛选功能外，这些服务还能提供有助于预算计划的物有所值评价(value for money assessment)及采购方案。当然，此类产品不仅可以服务于教师，也能够为学生所用。它们会迅速建立学生反馈的综合数据库，为课件选择与出版商等机构的未来价值定位提供信息。

Yuzu、布莱克维尔学习(Blackwells Learning)、Kortext 等数字内容平台也是可供书商发展的领域。现在这些电子书平台都可以提供整合服务。高校希望电子书能够与它们的虚拟学习环境(virtual learning environment)紧密结合，因此有必要为每个机构指定单一平台以提供不同供应商的内容。如此一来，此类电子书平台的重点不在于直接向学生销售，而在于与高校合作为学生提供相同的电子书阅读体验，并与教师一起将具体的内容碎片整合至独有的虚拟学习环境课程设计中。这也符合某些地区的高校将课件费用加入学费的趋势。

此类平台的另一个重要作用是为新兴市场提供管理机制。在新兴市场上,电子书是学生获取教科书的可靠途径,尤其是对于大量远程学习者来说。内容提供将采取开放市场的模式,内容所有者会进一步允许客户决定自己需要打包购买的内容,以配合教师自制的课件进行使用。平台也将随之发展,推动资源的分解。因此,平台的业务会继续扩展,包括自适应学习软件的集成、为讲师提供创作工具以及课程构建功能等。最终,这些平台可以向本地师生提供多种类型的课件,并将之无缝整合至任意出版商统一提供的新型服务中。

第三个发展方向是分析与评估服务。高等教育赋予个人的经济优势十分诱人:在经济合作与发展组织成员国中,受过高等教育的人的终生收入水平比未受高等教育的人高出 50%。[①] 而高等教育的花费也在迅速增长,无论是体现在一般纳税人的负担上,还是学生需要付出的费用或承担的债务。政府、高校、学生都希望看到更有效的教育模式,以及在学术水平之外培养就业技能。如何压缩获得学位的时间与金钱并/或扩大学位的社会与经济效益是极为重要的政策领域。

书商已经在与高校合作,提供数据分析以比较讲座出席率、图书馆使用情况、教科书阅读量与学位成绩的关系(出席率与教科书阅读量与学位成绩高度相关,图书馆使用情况则次之)。他们也与教师合作,分析学生群体使用电子书的不同模式,并将数据录入学生参与系统。这仅仅是冰山一角,未来高校能够获得的反映学生学习方式、地点、时间的数据会越来越多。

数据模型会涵盖各种课件、虚拟学习环境、图书馆平台的使用

---

① 参见 OECD (2014) *Education at a Glance 2014: OECD Indicators*, http://www.oecd.org/edu/Education-at-a-Glance-2014.pdf, accessed 9 September 2015.

情况、出勤率、作业完成度,以及与同学、老师的互动水平。有时书商会协助开发这些模型及服务,尤其在与多家高校同时合作的情况下,更多时候书商可以直接向高校提供反映不同课件效果的具体对比数据。书商会与高校教师共同决定最适合学生使用的内容、工具、平台组合。

所以,从某个角度来说,书商的主要角色不会改变,未来的书商将继续为学生提供零售服务,继续与教师一起选择采购最合适的学习资源。但图书销售的模式将会改变。零售业务不会消亡,但产品范围必须扩展以保持盈利。不过,大型书商的投资发展方向仍会有所转移,开始致力于开发更丰富的资源、平台、数据以协助高校为学生提供最优化的课件,达到最佳学习效果。未来,书商将更专注于他们的核心资产:对高校、教师、学生的深入了解以及与他们的密切关系。最终,他们定将找到支持高校事业、学生发展的全新方式。

12 回到未来：
校园书店的作用

克雷格·达兹

摘要：与高校联系紧密的校园书商在支持学生学术活动、教师研究工作、校内文化生活方面发挥着重要作用。在坎特伯雷基督教会大学于2014年11月开展的图书馆服务部门定期调研中，这一观点得到了压倒性的支持，该调查有100名学者参与。如今，为学生提供最佳体验是高校的重点工作，校园内的学术书店更是重中之重。

关键词：高校；合作；坎特伯雷基督教会大学；书店；书商；图书销售；校园；校属；学生；学生体验；学术；学习社群

无论未来学术图书的主流形式是什么,是虚拟还是实体,关键在于为学生及学者提供多样的选择。自1995年《图书净价协议》(Net Book Agreement)①废止以来,图书贸易行业的唯一定理是各种预期之外的发展都可能如期而至,我们必须与时俱进。但不只如此,我们还需要肩负责任、创造机遇。为此,我们不仅应与出版社、图书馆合作,还应与我们的同事——身为作者的教师以及学生与消费者合作。

作为内容提供者,学术图书馆及书店始终在教育娱乐体验领域发挥着不可否认的重要作用。正如库尔特·冯内古特(Kurt Vonnegut)②于1976年为新伦敦康涅狄格学院(Connecticut College)新落成的图书馆发表的经典献词中所说的,书店与图书馆不仅仅是面条厂而已。③ 它们是由经验丰富、敬业奉献的图书馆员与书商组成的,借用尼尔·盖曼(Neil Gaiman)④的话来说,与提供10万条结果的谷歌搜索不同,这些知识导航员能够带领你抵达正确的答案。在网络奇迹的新世界里,我们也不能忽视仍然具有重要地位的实体产品。图书从生产到传播、从作者到读者的旅程中永远不能缺少协作——图书是理想铸造的现实,电子书这种衍生品也不例外。

人们可以购买纸质版的图书,也可以在线获取内容。未来的学术书店将转型为虚实整合企业,采用在线购买模式以及智慧卡技术,强调图书浏览的触觉体验,扩大产品服务范围,销售作者签名

---

① 英国于1900年实施的由出版商共同约定对下游销售商实行转售价格限制的制度。——译注

② 美国黑色幽默作家。——译注

③ K. Vonnegut (1994) *Welcome to the Monkey House*, *Palm Sunday: An Autobiographical Collage* (London: Vintage Books), pp. 469–477.

④ 美国幻想文学作家。——译注

本,举办研讨会等各种活动。所以,问题并不是电子书或纸质书、扶梯或楼梯这种单选题,我们不需要在冷冰冰的键盘鼠标构成的仓库与摆卖精美书籍的架子之间抉择。它们必须两者兼有。为社群(大学或街道)服务的书店对我们的文化福祉来说是必不可少的存在。这才是问题的核心。我们需要确保书店在内容传播过程中不会变得多余——无论内容采取何种形式。

  我们可以预见,如果一家书店关闭,该书店约三分之一的销售额会转移至另一家书店。这意味着三分之二的销售额将蒸发。毫无疑问,其中一部分会流向网络,但大部分会直接从图书行业流失。①

2014年11月,坎特伯雷基督教会大学开展了图书馆服务部门定期调研。一百位校内学者通过邮件收到了以下问题,并进行了积极的反馈:校园内设立学术书店有何益处?②

  书店的益处显而易见,甚至不需要广而告之。引用一位匿名书商的说法:"语言无法描述一家好书店的意义。多么讽刺。"来自坎特伯雷基督教会大学教职工的反馈不仅强调了校园实体书店的价值,而且特别表达了对于本校书店的大力支持。布克奖最终入围作家、我校创意写作硕士项目主任评论道:

  我在坎特伯雷基督教会大学的四年里,真正让我印象深刻

---

 ① D. McCabe(2013)'Why Bookshops Matter', *The Bookseller*, http://www.thebookseller.com/blogs/why-bookshops-matter/, accessed 4 September 2015.
 ② 坎特伯雷基督教会大学教职工的反馈均为匿名。

的就是校园书店,它足以匹配世界上任何一所大学。

另一位则提到大学书店是"校园内部的文字中心",也是"严谨治学与知识学习的象征"。它以具象的方式展现了高校工作涉及的内容。书店的受众不仅是每一年来来往往的本科生、研究员、会议代表,还包括开放日的准学生、演讲嘉宾、检查单位以及合作机构的海外访问学者。拥有店内陈列与橱窗展示的书店是"[校园中]为数不多能够看到学术生活痕迹的地方之一",一位学者说道。

书店通过推广提供教育资源参与学术生活。由书店与教师紧密合作的一项核心工作是整理并制作推荐阅读书目,某位教师强调:"这能让学生带着书籍上课,做好参与课程的准备。"因此,确定与校内学科相关的推荐图书至关重要。书店需要及时补充库存,面对第二天等待收货的客户订单,并提供自动折扣。这不仅仅事关图书销售,还在于在获取信息与知识方面满足消费者的需求,为学生提供选择,无论这些信息知识的形式是电子书、二手书还是从大学图书馆里借出的副本。书商会积极比较在线供应商的价格,因为与普遍认知相反,网络上的商品并不总是更加便宜。通过与出版商与教师的密切合作,自制图书与"捆绑"图书组合具有较高的性价比。我们的书店在加入大学图书馆服务部门后受益匪浅。我们的员工经常为学生搜索图书馆数据库提供帮助。图书馆不会使书店失业。当文本过于昂贵时,人们可以通过借阅获取,而电子书使用者也仍在书店消费。

擅长交流、学识渊博的销售员是书店的关键所在。书店必须达到"好书店的标准"——能够让你"在没有特定目标的情况下发现合适的书籍",或者找到"仅凭自己无法找到的书籍"。这种发现功能在马克·福赛斯（Mark Forsyth）①专门为推广"我的书我的包"（Books Are My Bag）②活动撰写的书中被称作"未知的未知数"（the unknown unknown）。③ 对于在线书商来说，这是他们在"买了这本书的人也买了"栏目中推荐的内容。书店为从日常学术生活的压力与需求中抽出的时间提供了宝贵的物理空间，是"让师生在思想中徘徊并偶尔获得灵感的地方"。校园书店是"坎特伯雷基督教会大学学生体验的重要组成部分"，同时也"大力支持着老师的教学与研究"，比如下面这些例子：

之前，我想买一本几乎绝版的有关伊丽莎白一世的冷门书，亚马逊上没有，出版社自己也没有（他们只剩下三本库存，并且已经找不到了）。坎特伯雷基督教会大学帮我找到了一本，事情总算解决。

我知道我能拜托你们找到图书馆里没有的书，甚至几天之内便能到货。这让我的工作更具研究价值，能够与时俱进并保持高效。这是我最看重的地方，即使有时候我连书名都不确定，只知道自己想找一本胡塞尔的书！

就在今天早上，一位忧心忡忡的国际学生在课后找到我，让我为她提供阅读指导并推荐书目。我可以跟她一起走到书店，把合适的书籍直接交到她手中。任务圆满完成。

其他学者也表示，校属校园书店的存在"增添了学习的氛围"。

---

① 英国作家。——译注
② 英国一年一度为支持书店举办的全国性活动。——译注
③ M. Forsyth (2014) *Bookshops and the Delight of Not Getting What You Wanted* (London: Icon Books).

书店是"学术社群不可或缺的一部分","有力地传播着思想,代表了高校的意义",被形容为"坎特伯雷基督教会大学的杰作",书店员工则是"举着学校横幅走向世界的图书大使"。与路边的现代商业书店一样,大学书店除了提供零售服务以外,还有舒适的座位,邻接咖啡馆。不止如此,作为校属书店:

> 它强调对于理解和启发的开放性探索,这无疑是一所教会设立的高等教育机构的核心所在……如果没有书店,我们的教育将面临沦为纯粹金融交易的危险。
>
> 它属于我们自己——我们能够随时决定书店为师生提供的内容。运营同事了解我们的课程需求,并且对新型工作方式保持着开放态度。他们以师生为中心,不断努力进步。

校园书店有助于学生找到归属感,与图书馆、小教堂、体育中心、美术馆、学生会类似,都是学生体验的重要组成部分。书店的推特账户(@cccubookshop)收到了许多积极的站内信,也看到了校外关注者的推文,他们纷纷表达了自己所在学校没书店的遗憾。

开放日期间,我们会向对学校课程感兴趣的学生推荐入门读物,这种做法可能会为学校带来新的生源。除此之外,校内的图书销售正不断发展,"以满足不同高校的需求,为各种混合型课程做准备"。

校属书店能够让校内所有院系的学者紧密合作,图书馆同僚以及其他职能服务部门也不例外。书店的库存反映了院系的结构,其中一部分会被用来存放本校教师作者甚至学生作者的作品。书店向学生(以及大众)展示了他们的导师是如何积极参与研究、呈现各自领域的专业学术成果。我们也会推广陈列学生的著作:

书店会宣传本地作品与/或不知名访问学者、小型出版社的图书,这是大型连锁店不会做的事。

书店也会负责发行诸如约翰·利亚(John Lea)的《77 件需要思考的事:高等教育中的教与学》(*77 Things to Think About: Teaching and Learning in Higher Education*, 2012)等学校出版的作品。学校也正在讨论创立出版社的可能性,这样一来,研究生作品便能够及时在线获取或印刷出版。

书店一直在支持学校的系列公开讲座、研讨会以及作者签售活动。后者由坎特伯雷基督教会大学教育系与人文学院主办。近期的作者包括艾莎·弗洛伊德(Esther Freud)、路易·德贝尼埃(Louis de Bernières),未来计划已经涵盖 2015—2016 学年,包括约翰·伯恩(John Boyne)、迈克·莫波格(Michael Morpurgo)、沙米·查克拉巴提(Shami Chakrabarti)的著作。上一学年,书店总共举办了 34 场活动。这些都是各种形式的外展服务,让校园得以向当地社区开放,使高校更进一步地参与社会生活。正如一位学者所说,大学"招收的许多学生在不能读书的家庭环境中长大","部分学生生活的区域没有书店,或者仅有只卖畅销书的小书店"。有迈克·罗森(Michael Rosen)、安东尼·布朗(Anthony Browne)这样的作家参与的研讨会与签售活动让更多图书出现在教室里以及师生的手中。上大学是件激动人心的事情,但也可能带来担忧与恐惧。引用某位学者的话:"校园内的书店以及友善的脸庞……可以让一位普通的学生蜕变为自豪的毕业生。"

如果我们的使命是向学生以及整个社群传播知识,进行教学实践,那么书店就是扮演这一重要角色的重心。

参考文献

AAUP (2014)'Library-Press Connections at the Charleston Conference', AAUP website, http://www.aaupnet.org/news-a-publications/aaup-publications/the-exchange/current-issue/1265-charleston-2014, accessed 20 August 2015.

AAUP website, http://www.aaupnet.org/index.php, accessed 20 August 2015.

Abba, T. (2013)'The Future of the Book Shouldn't Be Skeuomorphic', *New Statesman*, http://www.newstatesman.com/culture/2013/02/future-bookshouldnt-be-skeuomorphic, accessed 25 August 2015.

Abbot, A. (27 June 2008)'Publication and the Future of Knowledge', *Presentation to the Association of American University Presses*, http://home.uchicago.edu/~aabbott/Papers/aaup.

pdf, accessed 20 August 2015.

Abram, S. and J. Cromity (2013) 'Collaboration: The Strategic Core of 21 Century Library Strategies', *New Review of Information Networking*, 18(1): 40 - 50.

Aestheticodes (2015) http://aestheticodes.com/, accessed 10 September 2015.

Andersen, B. and S. Larsen (2012) 'Being a National Library in a Research Infrastructure Landscape', *Microfilm and Digitization Review*, 41(3 - 4): 175 - 179.

Archambault, E., D. Amyot, P. Deschamps, A. Nicol, F. Provencher, L. Rebout and G. Roberge (2014) *Proportion of Open Access Papers Published in Peer-Reviewed Journals at the European and World Levels 1996 - 2013*, http://science-metrix.com/files/sciencemetrix/publications/d_1.8_sm_ec_dg-rtd_proportion_oa_1996 - 2013_v11p.pdf, accessed 7 August 2015.

Ayris, P., E. McLaren, M. Moyle, C. Sharp and L. Speicher (2014) 'Open Access in UCL: A New Paradigm for London's Global University in Research Support', *Australian Academic & Research Libraries*, 45(4): 282 - 295.

Bains, S. (2013) 'Teaching "Old" Librarians New Tricks', *SCONUL Focus*, 58.

Ball, C. (7 October 2014) 'Proposal to The Andrew W. Mellon Foundation', in Dr Cheryl E. Ball (ed.) *An Academic Portfolio*, http://ceball.com/wp-content/uploads/2015/01/PORTFOLIO-COPY-WEB.pdf, accessed 20 August 2015.

Baron, N. (2015) *Words Onscreen: The Fate of Reading in a*

Digital World (Oxford: Oxford University Press).

Barrett, E. and B. Bolt (eds) (2007) *Practice as Research: Approaches to Creative Arts Enquiry* (London: I.B. Tauris).

Bookboon, http://bookboon.com, accessed 7 August 2015.

Booksellers Association, www.booksellers.org.uk, accessed 10 July 2015.

Borgman, C. (2015) *Big Data, Little Data, No Data* (Boston: MIT Press).

Brabazon, T. (2014) 'The Disintermediated Librarian and a Reintermediated Future', *The Australian Library Journal*, 63(3): 191–205.

Bresland, J. (2010) 'On the Origin of the Video Essay', *TriQuarterly*, 9 (1), http://www.northwestern.edu/newscenter/stories/2013/07/the-videoessay-celebrating-an-exciting-new-literary-form.html#sthash.BpuwQbrG.dpuf, accessed 15 August 2015.

Burridge, S. (2013) '5 minutes with Sam Burridge: "Palgrave Pivot Is Liberating Scholarship from the Straitjacket of Traditional Print-Based Formats and Business Models"', *LSE Review of Books*, http://blogs.lse.ac.uk/lsereviewofbooks/2013/10/28/palgrave-pivot-100-hours/, accessed 10 September 2015.

Campbell, C. (1990) 'The Future of Scholarly Communication', in K. Brookfield (ed.) *Scholarly Communication and Serials Prices: Proceedings of a Conference Sponsored by The Standing Conference of National and University Libraries and The British Library Research and Development Department*, 11–

13 (London: Bowker-Saur).

Carr, N. (2011) *The Shallows: What the Internet Is Doing to Our Brains* (New York: Norton).

Carr, N. G. (2010) *The Shallows: How the Internet Is Changing the Way We Read, Think and Remember* (London: Atlantic Books).

Cassuto, L. (12 August 2013) 'The Rise of the Mini-Monograph', *The Chronicle of Higher Education*, http://chronicle.com/article/The-Riseof-the-Mini-Monograph/141007/, accessed 20 August 2015.

Cathro, W. (2006) 'The Role of a National Library in Supporting Information Infrastructure', *Official Journal of the International Federation of Library Associations and Institutions*, 32 (4): 333 – 39.

Cerejo, C. (2013) 'Navigating Through the Pressure to Publish', *Editage Insights*, http://www.editage.com/insights/navigating-through-thepressure-to-publish, accessed 4 September 2015.

CILIP (2004) 'Ethical Principles', CILIP website, http://www.cilip.org.uk/cilip/about/ethics/ethical-principles, accessed 22 August 2015.

Coelho, C. (12 January 2015) 'Mellon Grant to Fund Digital Scholarship Initiative', Brown University website, https://news.brown.edu/articles/2015/01/digital, accessed 20 August 2015.

Collins E. and G. Stone (2014) 'Open Access Monographs and the Role of the Library', *Insights—OA Monograph Supplement*, 11 – 16.

Cond, A. (18 August 2015) 'The University Press Is Back in Vogue', *The Bookseller* (blog), http://www.thebookseller.com/blogs/anthonycond-309360, accessed 20 August 2015.

Costanzo, P. (23 May 2014) 'The Real Reason Enhanced Ebooks Haven't Taken Off (Or, Evan Schnittman Was Right ... for the Most Part)', *Digital Book World*, http://www.digitalbookworld.com/2014/the-realreason-enhanced-ebooks-havent-taken-off-or-evan-schnittman-wasright-for-the-most-part/, accessed 15 August 2015.

Crossick, G. (2014) *Monographs and Open Access: A Report to HEFCE*, http://www.hefce.ac.uk/media/hefce/content/pubs/indirreports/2015/Monographs,and,open,access/2014_monographs.pdf, accessed 20 August 2015.

Darnton, R. (2013) 'The National Digital Public Library Is Launched!', *The New York Review of Books*, http://www.nybooks.com/articles/archives/2013/apr/25/national-digital-public-library-launched, accessed 22 August 2015.

Deegan, M. and K. Sutherland (2009) *Transferred Illusions: Digital Technology and the Forms of Print* (London: Ashgate).

Department of Business, Innovation and Skills (June 2011) *Higher Education: Students at the Heart of the System*, https://www.gov.uk/government/uploads/system/uploads/attachment_data/file/31384/11-944-higher-education-students-at-heart-of-system.pdf, accessed 10 September 2015.

Dickinson, T. (2015) 'Free Core E-Textbooks: A Practical Way to

Support Students ', http://www.cilip.org.uk/cilip/blog/free-core-e-textbookspractical-way-support-students, accessed 25 August 2015.

Drabble, E. (16 December 2014) 'Teens Prefer the Printed Page to Ebooks', *Guardian*, http://www.theguardian.com/childrens-bookssite/2014/dec/16/teens-ebooks-ereaders-survey, accessed 7 August 2015.

Ebook Architects website, http://ebookarchitects.com/learn-about ebooks/enhanced-ebooks/, accessed 15 August 2015.

Eisenstein, E. (1980) *The Printing Press as an Agent of Change* (Cambridge: Cambridge University Press).

Esposito, J. (7 March 2011) 'The New Economics of the University Press—A Report from the AAUP', *Scholarly Kitchen* (blog), http://scholarlykitchen.sspnet.org/2011/03/07/the-new-economics-of-theuniversity-press-a-report-from-the-aaup/, accessed 20 August 2015.

Febvre, L. and Henri-Jean Martin (1976) *The Coming of the Book: The Impact of Printing, 1450-1850*, trans. D. Gerard (New York: Verso).

Fitzpatrick, K. (2011) *Planned Obsolescence: Publishing, Technology, and the Future of the Academy* (New York: New York University Press).

Forsyth, M. (2014) *Bookshops and the Delight of Not Getting What You Wanted* (London: Icon Books).

Grant, C. (2013) 'Deja-Viewing? Videographic Experiments in Intertextual Film Studies', *Mediascape* (Winter), http://www.tft.

ucla. edu/mediascape/Winter2013_DejaViewing. html, accessed 21 August.

Grant, C. *AUDIOVISUALCY: Videographic Film and Moving Image Studies*, https://vimeo.com/groups/audiovisualcy, accessed 10 September 2015.

Hagerlid, J. (2011) 'The Role of the National Library as a Catalyst for an Open Access Agenda: The Experience of Sweden', *Interlending and Document Supply*, 39(2): 115–118.

HEFCE (2015) 'Expert Panels', *REF* 2014, http://www.ref.ac.uk/panels/, accessed 4 August 2015.

Higher Education Funding Council for England (2015) *Open Access in the Next Research Excellence Framework: Policy Adjustments and Qualifications*, http://www.hefce.ac.uk/media/HEFCE, 2014/Content/Pubs/2015/CL202015/Print-friendly%20version.pdf, accessed 25 August 2015.

Howard, J. (24 June 2013) 'For University Presses, a Time of Fixing Bridges, and Building New Ones', *The Chronicle of Higher Education*, http://chronicle.com/article/For-University-Presses-a-Time/139983/, accessed 20 August 2015.

JISC (2014) 'Institution as E-Textbook Publisher', JISC Collections website, https://www.jisc-collections.ac.uk/Institution-as-E-textbook-Publisher/, accessed 20 August 2015.

Johns, A. (2000) *The Nature of the Book: Print and Knowledge in the Making* (Chicago: University of Chicago Press).

Johnson, P. C. (2014) 'International Open Access Week at Small to Medium U.S. Academic Libraries: The First Five Years', *The

Journal of Academic Librarianship, 40(6): 626–631.

'Just Press Print' (25 February 2010) *The Economist*, http://www.economist.com/node/15580856/, accessed 10 September 2015.

Kenney, A. R. (2015) 'From Engaging Liaison Librarians to Engaging Communities', *College & Research Libraries*, 76 (3): 386–391.

Kirschenbaum, M. (2008) *Mechanisms: New Media and the Forensic Imagination* (Boston: MIT Press).

Knowledge Infrastructures: Intellectual Frameworks and Research Challenges Report and Workshop, http://knowledgeinfrastructures.org/, accessed 15 August 2015.

Lambert, C. (2015) 'The "Wild West" of Academic Publishing: The Troubled Present and Promising Future of Scholarly Communication', *Harvard Magazine*, http://harvardmagazine.com/2015/01/the-wild-west-of-academic-publishing/, accessed 25 August 2015.

Lapowsky, I. (2015) 'What Schools Must Learn from LA's iPad Debacle', *Wired*, http://www.wired.com/2015/05/los-angeles-edtech/, accessed 7 August 2015.

Lavik, E. (2012) 'The Video Essay: The Future of Academic Film and Television Criticism?' *Frames* #1, http://framescinemajournal.com/article/the-video-essay-the-future/, accessed 17 August 2015.

Lavoie, B. and C. Malpas (2015) *Stewardship of the Evolving Scholarly Record: From the Invisible Hand to Conscious Coordination* (Dublin, Ohio: OCLC Research), http://www.oclc.

org/content/dam/research/publications/2015/oclcresearch-esr-stewardship-2015.pdf,accessed 25 August 2015.

Lederman, D. (2012) 'Fleeing from "Free"', *Inside Higher Ed*, https://www.insidehighered.com/news/2012/11/05/flat-worlds-shift-gears-and-what-it-means-open-textbook-publishing/, accessed 7 August 2015.

Lee, K. B. (2014) 'Video Essay: The Essay Film—Some Thoughts of Discontent', *Sight and Sound*, http://www.bfi.org.uk/news-opinion/sight-sound-magazine/features/deep-focus/video-essay-essay-filmsome-thoughts/, accessed 15 August 2015.

LIBER (2015) *The Hague Declaration on Knowledge Discovery in the Digital Age*, http://thehaguedeclaration.com, accessed 7 August 2015.

Libres V. (2015) 'Palgrave Pivot: Mopping Up the Mid-Length Manuscripts', *Vulpes Libres* (blog), https://vulpeslibris.wordpress.com/2015/04/29/palgrave-pivot-mopping-up-the-mid-lengthmanuscripts/, accessed 20 August 2015.

Library Services, King's College London (2015) *Laptop Loans for Students*, http://www.kcl.ac.uk/library/using/loans/laptops.aspx, accessed 22 August 2015.

Mahalek, G. (8 January 2015) 'The University of North Carolina Press Receives Major Grant from Mellon Foundation', *Publisher's Weekly*, http://www.publishersweekly.com/binary-data/NEWS_BRIEFS/attachment/000/000/6-1.pdf, accessed 20 August 2015.

Mak, B. (2011) *How the Page Matters* (Toronto: University of Toronto Press).

Malenfant, K. J. (2010) 'Leading Change in the System of Scholarly Communication: A Case Study of Engaging Liaison Librarians for Outreach to Faculty', *College and Research Libraries*, 71 (1): 63-76.

Mathews, B. (2014) 'Librarian as Futurist: Changing the Way Libraries Think About the Future', *Portal: Libraries and the Academy*, 14(3): 453-462.

McCabe, D. (2013) 'Why Bookshops Matter', *The Bookseller*, http://www.thebookseller.com/blogs/why-bookshops-matter/, accessed 4 September 2015.

McGann, J. (1991) *The Textual Condition* (Princeton, NJ: Princeton University Press).

Michigan Publishing (April 2015) 'Building a Hosted Platform for Managing Monographic Source Materials and Born Digital Publications Through Library/Press Collaboration', Michigan Publishing website, http://www.publishing.umich.edu/files/2015/04/Hydra_Fedora_Mellon_Proposal_Summary.pdf, accessed 20 August 2015.

MLA Ad Hoc Committee (2002)*Report on the Future of Scholarly Publishing*, http://www.mla.org/resources/documents/issues_scholarly_pub/repview_future_pub/, accessed 10 September 2015.

Mock, G. (2013) 'Surprising Bright Future for Academic Books', *Duke Today*, https://today.duke.edu/2013/12/dukepress/, accessed 25 August 2015.

Moretti, F. (2005) *Graphs, Maps, Trees: Abstract Models for a*

Literary History (New York: Verso).

Moretti, F. (2013) *Distant Reading* (New York: Verso).

Nelson, R. (ed.) (2013) *Practice as Research in the Arts: Principles, Protocols, Pedagogies, Resistances* (Basingstoke: Palgrave Macmillan).

Newman, E. (2014) *Simba Information Global Social Science and Humanities Publishing 2013 – 14*, http://www.simbainformation.com/Global-Social-Science-7935107/, accessed 10 September 2015.

Newton, H. (2013) 'Breaking Boundaries in Academic Publishing: Launching a New Format for Scholarly Research', *Insights*, 26 (1): 70–76.

Newton, H. (2014) 'Experiment in Open Peer Review for Books Suggests Increased Fairness and Transparency in Feedback Process', *LSE Impact* (blog), http://blogs.lse.ac.uk/impactofsocialsciences/2014/02/28/palgrave-macmillan-open-peerreview-for-book-proposals/, accessed 20 August 2015.

OAPEN-UK (2012) 'Survey of Use of Monographs by Academics—as Authors and Readers', OAPEN-UK website, http://oapen-uk.jiscebooks.org/files/2012/02/OAPEN-UK-researcher-survey-final.pdf, accessed 20 August 2015.

OECD (2014) *Education at a Glance 2014: OECD Indicators*, http://www.oecd.org/edu/Education-at-a-Glance-2014.pdf, accessed 9 September 2015.

Oxford English Dictionary (2015) 'Culture, n.' in *OED Online* [database] (Oxford: Oxford University Press), accessed 22 August 2015.

Page, B. (30 July 2015) 'Goldsmiths to Launch "Inventive" University Press', *The Bookseller*, http://www.thebookseller.com/news/goldsmiths-launch-inventive-university-press-308334/, accessed 20 August 2015.

Pinfield, S., J. Salter, P. A. Peter and A. Bath (2015) 'The "Total Cost of Publication" in a Hybrid Open-Access Environment: Institutional Approaches to Funding Journal Article-Processing Charges in Combination with Subscriptions', *Journal of the Association for Information Science and Technology*, http://onlinelibrary.wiley.com/doi/10.1002/asi.23446/epdf/, accessed 25 August 2015.

Piper, A. (2012) *Book Was There: Reading in Electronic Times* (Chicago: University of Chicago Press).

Posner, M. (2013) 'No Half Measures: Overcoming Common Challenges to Doing Digital Humanities in the Library', *Journal of Library Administration*, 53: 43-52.

Poynder, R. (8 March 2015) 'The OA Interviews: Alison Mudditt, Director, University of California Press', *Open and Shut?* (blog), http://poynder.blogspot.com/2015/03/the-oa-interviews-alison-mudditt.html, accessed 20 August 2015.

Priem, J., D. Taraborelli, P. Groth and C. Neylon (2010) *Altmetrics: A Manifesto*, http://altmetrics.org/manifesto/, accessed 4 September 2015.

Publishers Communications Group (2015) *Library Budget Predictions for* 2015, http://www.pcgplus.com/wp-content/uploads/2015/01/Library-Budget-Predictions-for-2015.pdf, accessed 7 August 2015.

RCUK (2015) 'Unlocking the Future: Open Access Communication in a Global Research Environment', RCUK website, http://www.rcuk.ac.uk/media/announcements/150527/, accessed 10 September 2015.

Richter, H. (1992) 'The Film Essay: A New Form of Documentary Film', in Christa Blumlinger and Constatin Wuldd (eds). *Schreiben Bilder Sprechen: Texte zum essayistischen Film* (Vienna: Sonderzahl).

Rowlands, I., D. Nicholas, P. Williams, et al. (2008) 'The Google Generation: The Information Behaviour of the Researcher of the Future', *Aslib Proceedings*, 60(4): 290–310.

Schonfeld, R. C. (2003) *JSTOR: A History* (Princeton, NJ: Princeton University Press).

Seyed Vahid, A. and M. Alireza Isfandyari (2008) 'Bridging the Digital Divide: The Role of Librarians and Information Professionals in the Third Millennium', *The Electronic Library*, 26(2): 226–237.

Showers B. (2014) *A National Monograph Strategy*, http://monographs.jiscinvolve.org/wp/, accessed 10 September 2015.

Silver, I. (2014) 'Authors@ UF Campus Conversation Series: A Case Study', *Public Services Quarterly*, 10(4): 263–282.

Sparkes, M. (2014) 'Internet in North Korea: Everything You Need to Know', *Daily Telegraph*, http://www.telegraph.co.uk/technology/11309882/Internet-in-North-Korea-everything-you-needto-know.html, accessed 4 September 2015.

Straumsheim, C. (2015) 'Piecing Together Publishing', *Inside Higher Ed*, https://www.insidehighered.com/news/2015/02/25/researchers-university-press-directors-emboldened-mellon-foundation-interest/, accessed 20 August 2015.

Sullivan, G. (2009) *Art Practice as Research: Inquiry in Visual Arts*, nd edn (London: Sage).

Tracy, A. et al. (2013) 'The Essay Film', *Sight and Sound*, http://www.bfi.org.uk/news-opinion/sight-sound-magazine/features/deep-focus/essay-film, accessed 15 August 2015.

University of Manchester Library (2015) *My Learning Essentials*, http://www.library.manchester.ac.uk/services-and-support/students/support-for-your-studies/my-learning-essentials/, accessed 4 September 2015.

University of Minnesota Press (2015) 'The University of Minnesota Press partners with CUNY's GC Digital Scholarship Lab to launch MANIFOLD SCHOLARSHIP—a platform for iterative, networked monographs—with grant from the Andrew W. Mellon Foundation', University of Minnesota Press website, https://www.upress.umn.edu/press/press-releases/manifold-scholarship/, accessed 20 August 2015.

Vandegrift, M. and G. Colvin (2012) 'Relational Communications:

Developing Key Connections', *College & Research Libraries News*, 73(7): 386-389.

Vincent N. and C. Wickham (eds) (2013) *Debating Open Access* (London: British Academy).

Vonnegut, K. (1994) *Welcome to the Monkey House, Palm Sunday: An Autobiographical Collage* (London: Vintage Books).

Ware, M. and M. Mabe (2015) *The STM Report—An Overview of Scientific and Scholarly Journal Publishing*, 4th edn (STM, International Association of Scientific, Technical and Medical Publishers).

Webb, K. (17 July 2015) 'The Content that Never Contents', *Times Literary Supplement*.

Wellmon, C. (2015) *Organizing Enlightenment: Information Overload and the Invention of the Modern Research University* (Baltimore, MD: Johns Hopkins University Press).

Wolf Thomson, J. (2002) 'The Death of the Scholarly Monograph in the Humanities? Citation Patterns in Literary Scholarship', *Libri*, 52: 121-136.

Wolf, M. (2008) *Proust and the Squid: The Story and Science of the Reading Brain* (New York: HarperCollins).

Wright, A. M. (2012) 'Starting Scholarly Conversations: A Scholarly Communication Outreach Program', *Journal of Librarianship and Scholarly Communication*, 2(1): 1-9.

Yang, D. (2013) 'UK Research Reserve: A Sustainable Model from

Print to E?', *Library Management*, 34(4/5): 309 – 323.

Zichuhr, K. (2013) *Who's Not Online and Why* (Washington, DC: Pew Research Center), http://www.pewinternet.org/2013/09/25/whos-notonline-and-why/, accessed 4 September 2014.

扩展阅读

Anderson, R. (2014) 'How Important Are University Press Books to the Library? One Case Study', *Scholarly Kitchen* (blog), http://scholarlykitchen.sspnet.org/2014/07/28/how-important-are-university-pressbooks-to-the-library-one-case-study/, accessed 20 August 2015.

——. (2014) 'University Presses: "Under Fire" or Just Under the Gun (Like the Rest of Us)?', *Scholarly Kitchen* (blog), http://scholarlykitchen.sspnet.org/2014/05/19/university-presses-under-fire-or-just-under-the-gunlike-the-rest-of-us/, accessed 20 August 2015.

——. (2015) 'A Quiet Culture War in Research Libraries—and What It Means for Librarians, Researchers and Publishers', *Insights*, 28(2): 21–27.

Brown L., R. Griffiths and M. Rascoff (2007) 'University Publishing in a Digital Age', *The Journal of Electronic Publishing*, 10(3).

Carr, N. G. (2010) *The Shallows: How the Internet Is Changing the Way We Read, Think and Remember* (London: Atlantic Books).

CILIP (2004) *Ethical Principles*, http://www.cilip.org.uk/cilip/about/ethics/ethical-principles/, accessed 22 August 2015.

CLOCKSS (2015) CLOCKSS Homepage, https://www.clockss.org, accessed 27 August 2015.

CrossRef (2015), CrossRef Homepage, http://www.crossref.org, accessed 27 August 2015.

Darnton, R. (25 April 2013) 'The National Digital Public Library Is Launched!', *The New York Review of Books*, http://www.nybooks.com/articles/archives/2013/apr/25/national-digital-public-librarylaunched/, accessed 4 September 2015.

Digital Public Library of America (2015) DPLA Homepage, http://dp.la, accessed 24 August 2015.

Directory of Open Access Books (2015) DOAB Homepage, http://www.doabooks.org, accessed 24 August 2015.

Durant, D. M. and T. Horova (2014) 'The Future of Reading and Academic Libraries', *Libraries and the Academy*, 15(1): 5–27.

Esposito J. (2007) 'The Wisdom of Oz: The Role of the University Press in Scholarly Communications', *The Journal of Electronic Publishing*, 10(1).

——. (2011) 'Creating a New University', *Scholarly Kitchen* (blog), http://scholarlykitchen.sspnet.org/2011/05/25/creating-a-new-universitypress-the-first-of-a-two-part-post/, accessed 20 August 2015.

——. (2013) 'Are University Presses Better Off Now than They Were Four Years Ago?' *Scholarly Kitchen* (blog), http://scholarlykitchen.sspnet.org/2013/06/12/are-university-presses-better-off-now-than-theywere-four-years-ago/, accessed 20 August 2015.

——. (2013) 'Stage Five Book Publishing: A Guide for University Presses', *Scholarly Kitchen* (blog), http://scholarlykitchen.sspnet.org/2013/12/10/stage-five-book-publishing-a-guide-for-university-presses/, accessed 20 August 2015.

European Library (2015) The European Library Homepage, http://www.theeuropeanlibrary.org, accessed 24 August 2015.

Eve, M. (2015) *Open Access and the Humanities: Contexts, Controversies and the Future* (Cambridge: Cambridge University Press).

Fisher, R. (2012) 'How Shall We Sing in a Strange Land?' *Logos*, 23(3): 7 – 15.

Hathi Trust (2015), Hathi Trust Homepage, https://www.hathitrust.org, accessed 27 August.

Internet Archive (2015) The Internet Archive Homepage, https://archive.org, accessed 27 August.

Library Services, King's College London (2015) *Laptop Loans for Students*, http://www.kcl.ac.uk/library/using/loans/laptops.

aspx, accessed 4 September 2015.

Mandler P. (2014) 'Open Access: A Perspective from the Humanities', *Insights*, 27(2): 166-170.

Mrva-Montoya A. (2015) 'Beyond the Monograph: Publishing Research for Multimedia and Multiplatform Delivery', *Journal of Scholarly Publishing*, 46(4): 321-342.

OCLC (2015) WorldCat Homepage, https://www.worldcat.org, accessed 27 August 2015.

Portico (2015) Portico Homepage, http://www.portico.org, accessed 27 August 2015.

Rowlands, I., D. Nicholas, P. Williams, et al. (2008) 'The Google Generation: The Information Behaviour of the Researcher of the Future', *Aslib Proceedings*, 60(4): 290-310.

Salisbury, L., D. Armato and A. Mudditt (9 November 2012) *The Twenty-First Century University Press: Assessing the Past, Envisioning the Future*. Transcription of a live presentation given at the 2012 Charleston Conference on Friday, http://docs.lib.purdue.edu/cgi/viewcontent.cgi?article=1408&context=charleston/, accessed 20 August 2015.

Sparkes, M. (23 December 2014) 'Internet in North Korea: Everything You Need to Know', *Daily Telegraph*, http://www.telegraph.co.uk/technology/11309882/Internet-in-North-Korea-everything-you-needto-know.html, accessed 4 September 2015.

University of Manchester Library (2015) *My Learning Essentials*, http://www.library.manchester.ac.uk/services-and-support/students/support-for-your-studies/my-learning-essentials/, accessed 4 September 2015.

Thompson, J. B. (2005) *Books in the Digital Age* (Cambridge: Polity Press).

van der Hoeven, H. and J. van Albada (1996) *Lost Memory—Libraries and Archives Destroyed in the Twentieth Century* (Paris: UNESCO), http://www.unesco.org/webworld/mdm/administ/pdf/lostmemo.pdf, accessed 22 August 2015.

Wikipedia (2015) *List of Book-Burning Incidents*, https://en.wikipedia.org/wiki/List_of_book-burning_incidents/, accessed 22 August 2015.

Withey. L., S. Cohn, E. Faran, M. Jensen, G. Kiely, W. Underwood, B. Wilcox, R. Brown, P. Givler, A. Holzman and K. Keane (2011) 'Sustaining Scholarly Publishing: New Business Models for University Presses: A Report of the AAUP Task Force on Economic Models for Scholarly Publishing', *Journal of Scholarly Publishing*, 42(4): 397–441.

Zichuhr, K. (2013) *Who's Not Online and Why* (Washington, DC: Pew Research Center), http://www.pewinternet.org/2013/09/25/whos-not-online-and-why/, accessed 4 September 2014.

索 引

(以下页码为页边码)

安德鲁·W. 梅隆基金会　Andrew W. Mellon Foundation, 47, 48,
　　49, 51, 52, 53, 54
按需印刷　print on demand, 4, 6, 32, 90
巴恩斯与诺布尔书店　Barnes & Noble, 95
北卡罗来纳大学出版社　University of North Carolina Press,
　　48, 53
博士论文　PhD thesis, 14
布克布出版社　Bookboon, 88, 91
布莱克维尔出版社　Blackwell's, x, 6, 95
出版　publishing, 2, 5, 33, 41, 47—52, 67, 68, 85—86, 93
出版社　publisher, 7, 32—35, 37, 40—45, 47, 51—53, 79, 81,
　　85—90, 94, 101

创新　innovation, 4, 6, 8, 16, 25, 53, 59, 87—89

存储　preservation, 5, 14, 48, 50, 59—60, 62, 78, 79

大学　university, 13—14, 21, 37, 46—53, 67—69, 78, 80, 87, 93, 94, 97, 99—103

大英图书馆　The British Library, 2, 3, 5, 6, 8, 57, 59, 61—62, 63 n.1, 64, 65, 71, 78

电子书　ebooks, 4, 5, 20, 21, 22, 34, 43—44, 62, 68, 77, 87, 88, 95—96, 99, 100, 101

福莱特公司　Follett, 95

格式　format, 4, 12, 27, 34, 35, 36—37, 89, 99, 103

供求　supply and demand, 6, 41, 85, 86

谷歌　Google, 5, 59, 78, 99

关联数据　linked data, 19—20

国家图书馆　national libraries, 5—6, 57—63

哈佛大学出版社　Harvard University Press, 43

合作　collaboration, 12, 58, 61, 62—63, 70, 79, 99

互联网档案馆　The Internet Archive, 79

技术　technology, 3, 14, 22, 28, 33, 52, 78—79, 99

加利福尼亚州数字图书馆　California Digital Library, 49

加州大学出版社　University of California Press, 49

剑桥大学出版社　Cambridge University Press, 33, 34

教科书　textbook, 7, 51—52, 75, 87—89, 92—96

教学软件　courseware, 93, 94, 95—97

杰弗里·克洛斯科　Crossick, Geoffrey, 8, 51

金史密斯学院出版社　Goldsmiths University Press, 37

经费　funding, 6, 12, 35, 48, 60—61, 86, 87

经济学　economics, 76, 78, 85, 86, 96

卷宗　codex, 4, 12—13, 14, 15

开放获取　Open Access, 2, 5, 6, 8, 12, 27, 37, 47, 48—52, 58—62, 64 n.15, 67, 70, 76, 78, 79, 84, 86—88, 90

开放获取图书目录　Directory of Open Access Books (DOAB), 79

开放式人文图书馆　Open Library of Humanities, 51, 59

坎特伯雷基督教会大学　Canterbury Christ Church University (CCCU), 7, 98, 100—103

可访问性　accessibility, 14, 49, 84, 86, 87, 89

利物浦大学出版社　Liverpool University Press, ix, 5, 51

伦敦大学国王学院图书馆　King's College London library, xii, 6, 80, 82

伦敦大学学院出版社　UCL Press, 45, 52

曼彻斯特大学出版社　Manchester University Press, xi, 5,

曼彻斯特大学图书馆　University of Manchester Library, 80, 82

美国大学出版社协会　Association of American University Presses (AAUP), 47, 53, 55

美国数字公共图书馆　Digital Public Library of America (DPLA), 79, 80

密歇根大学出版社　University of Michigan Press, 49, 54

明尼苏达大学出版社　University of Minnesota Press, 49, 53

缪斯计划　ProjectMUSE, 49

缪斯开放获取　MUSE Open, 49

牛津大学出版社　Oxford University Press, 87

纽约大学出版社　New York University Press，48

诺丁汉大学图书馆　University of Nottingham library，xii，6，66，67，69

欧洲开放获取出版联盟英国分部　OAPEN-UK，54，59

欧洲数字图书馆　European Library，79

帕尔格雷夫·核心系列　Palgrave Pivot，3，8，35—37

帕尔格雷夫·麦克米伦出版社　Palgrave Macmillan，vii，ix，xi，3，5，32—38，50

评估　assessment，2，4，7，13，14，21，51，59，60，94

评估　evaluation，4，7，95，96

普林斯顿大学出版社　Princeton University Press，34

全球研究理事会　Global Research Council，62

人文　humanities，12—13，15，16，18，21—23，26，33，35，47，49，58—61，68

软件　software，15，92，94，96

设备　devices，15，16，44，76，80，89

施普林格出版社　Springer，34

实践研究　Practice as Research，4，24，25—28

世哲出版社　Sage，37

市场　market，34，37，42，43，85—90，96，97

市场调研　market research，32，34

视频展示　video essay，4，24，26，27—28

书店　bookshop，7，42，89，90，98，99—103

书商　bookseller，7，86，92—97，98，100，101

数字化存储　digital preservation，74，78，79

数字人文　digital humanities，18，22—23

斯坦福大学出版社　Stanford University Press，37，49

同行评议　peer review，4，21，27，33，34，49，50，79，85，86

图书供应链　book supply chain，39，41，44

图书馆　libraries，5—6，13，44，45，52，53，57—63，67—71，75，77—81，85，99，101

图书馆数据　library data，66，67，68，69—70

图书馆业　librarianship，57，74，79

图书史　book history，12，84—90

图书销售　bookselling，3，84—90

推广　promotion，13，14，19，75，100

维基百科　Wikipedia，21，78，93

消费者　consumer，6，22，85，89，90，93

校园　campus，7，70，94，98，100，101，102

学生　student，16，51—52，59，68，69，86—89，93—97，98，99，100—103

学生体验　student experience，7，51，98，99，101，102

学术界　academy，6，13—14，16，26，47，75

学术书　academic books，2，3，5—7，15，20，21，57—63，67—69，75—77，80，89，98

学术图书的未来　Academic Book of the Future，57—63

学习资源　learning resources，92，93，94—95，97

亚马逊　Amazon，95

研究成果　research output，4，14，28，35，59

研究政策　research policy，57，61

研究卓越框架　Research Excellence Framework（REF），2，13，26，34，35，44，66，67，71 n.7

耶鲁大学出版社　Yale University Press，49

艺术与人文　arts and humanities，12—13，16，58—61，68，69

艺术与人文研究理事会　AHRC，2，3，8，63，71

英格兰高等教育基金委员会　HEFCE，28，35，70，73

英国联合信息系统委员会　JISC，50，52，54，59

英国期刊协会　UKSG，xi

英国图书馆与情报专家学会　CILIP，79，80，81

英国研究储备资料库　UK Research Reserve，66，68

英国研究理事会　Research Councils UK（RCUK），62，65

约翰·史密斯集团　JS Group (also John Smith Group)，x，7

约翰斯·霍普金斯大学出版社　Johns Hopkins University Press，49

阅读　reading，15—16，20，22，50，68—69，77，84，94，100，103

政策出版社　Policy Press，37

芝加哥大学出版社　University of Chicago Press，47

知识基础设施　knowledge infrastructures，5，39，40，41，42，44

知识解锁项目　Knowledge Unlatched，xi，5，45，51，59

职业道德　ethics，79—80

纸质书　printed book，14，15，18，21，23，43，68

专著　monograph，12，13—14，16，20，22，23，33—34，37，42—43，47—51，61，62，67，70

CLOCSS/LOCKSS，59，79

CrossRef，79

Hathi Trust, 79

JSTOR, 66, 68

Kortext, 95

OpenIntro, 88

PORTICO, 59, 79

Vega, 50

WorldCat, 79

Yuzu, 95